JN045614

小さな会社にピッタリの使える労務管理術

トラブルを未然に防いで社員を伸ばす具体的方策

社会保険労務士法人
ラポール代表社員
西村 聡
Satoshi Nishimura

現代書林

はじめに

経営者は本当に労働者より強者でしょうか？　民法では、契約とは対等に成立するのが原則で、雇用契約も契約行為の一種ですから、原則は対等なのです。しかし一方で、労働基準法などの特別法により、労働者は保護されています。この考え方は、民法の対等原則を貫くと、強い経営者に対して弱い立場の労働者が不利益を受けるということが根本にあるからです。

ただ、私見としては、小規模企業の経営者は本当に労働者よりも強いのかと思ってしまいます。例えば、雇用契約において使用者は労働者を簡単に解雇することはできないことになっています。しかし、労働者が引継ぎもしないで勝手に退職しても何ら法的に問われません。使用者は民事上の損害賠償請求をするしかないのですが、それは現実的ではありません。結局、泣き寝入りしているのです。

私も超零細事業所の一経営者として、常に「職員に辞められたらどうしよう」という恐怖をどこかで持ちながら経営しています。実は私のほかにも、従業員に何らかの〝恐れ〟を抱いている社長さんを私はたくさん見てきています。その逆で、多分ですが、職員のほうは「いつクビにされるかわからない」との恐怖は持っていないはずです（笑）。

これも私見です。サービス残業を指摘されることがあります。確かに経営者に問題がある場合も多いのですが、一方で従業員の〝勝手残業〟という問題もあります。特に能率が悪いとかミスのやり直しで残業されてはたまりません。それはまるで買ってもいない商品の代金が代引きで送りつけられてくるようなものです。

私は中小企業の経営者を全面的に応援します。なぜなら、世の中のいろんなことに貢献しているからです。意識しようがしまいが、良いことをいっぱいしているからです。

第一に、経営者は従業員を雇っています。それが偉いのです。たとえそれが1人だけだとしても、確実に雇用に貢献しているのです。雇用に貢献しているというのは、その人とその家族の生活を支えています。親を安心させています。職を提供することで豊かな人生を後押ししています。なんと素晴らしいことでしょうか。

第二に、社会保障を支えています。毎月支払っている社会保険料、確かに重いですよね。

でも、これって日本の社会保障制度を支えるすごい貢献です。従業員が負担すべき保険料を半額も負担しているのです。それなのに、そのリターンはすべて従業員に帰属します。他人の社会保障まで担う経営者は、篤志家ではありませんか。

第三に、基幹税を支えています。黒字を出して納税するのは経営者の使命です。なぜなら利益を出さなければ待遇アップもできないし、技術革新もできないからです。経営者個人の納税はもとより、法人税も発生します。経営者は所得税、消費税、法人税と日本を支える基幹税すべてを支払っている特別な存在なのです。

第四に、取引先にも影響を与えています。企業の周りには、前工程（仕入先）と後工程（販売先）があります。売り買いを通して、これら取引先で働く人たちの生活の一翼も担っていることになりませんか。顔も知らない人かもしれませんが、確実に影響が及んでいるのです。

第五に、何よりも日本に付加価値をもたらしています。企業活動を通じて、その製品やサービスが直接的または間接的に人々に対して幸せをもたらし、社会還元しています。職業を通じて社会に奉仕しているのです。

中小企業経営者は、自分自身を担保にし、自らリスクを取って経営しています。消費者保護法に対する経営者保護法とか、労働基準法に対する経営基準法などというものはありません。誰も守ってくれないのです。基本的に自己責任。大きな組織の金看板をバックに生きていけるわけでもありません。非常に孤独で、非常に不安ですが、それでも前を向いて走るしかないのです。

自己紹介が遅くなりましたが、私は大阪で22年間、社会保険労務士をしています。労務管理の向上によって経営をサポートするという理念のもと、経営者側の立場でもっぱら仕事をしてきました。

クライアントは地元の中小企業がほとんどで、特に小規模事業所とのお取引が多く、30名以上の会社に遭遇すると、「大きな規模だな」という感覚を持っています。ちなみに私自身も5名の従業員を雇用する経営者として、日々従業員のことで悩んでいます。

ところで、私は職業柄、いわゆる人事労務本といわれるジャンルの書籍をかなり読みます。私は立ち読みして内容を把握してから購入するタイプではなく、書籍のタイトルで直感的に購入します。

ところが、読み進めると統計資料や歴史的背景、または個人的経験談などでページが進み、タイトルで期待した内容にはなかなか行き着かないことが多々ありました。タイトルで期待した内容はわずか数ページということもあり、こういった書籍は私にとっては、〝がっかり本〟でした。

そんなこともあって、私が応援する小規模企業の経営者や実務担当者が、現場の労務管理で実際に使える知恵が詰まった本を出せたらいいなあ……などとおぼろげながらに思っていました。

そのような中、偶然にも現代書林さんから、出版のお話をいただくこととなったのです。私にはそれまで16年間にわたり書き続けたクライアント向けのメールマガジンの記事がありましたので、これを編集して刊行することとなったのが、この本です。

現場の労務管理に携わる方々が、タイトルに魅かれて購入したものの、がっかり本とならないように、以下の点に留意しました。

・法律の解説本にはせず、実務に影響のない歴史や過程、統計資料はできるだけ避ける
・現場で起こる具体的な労務問題を網羅的かつピンポイントに取り上げる
・経営者や実務担当者が現場で使えるノウハウや考え方を提供する

さらにこの本は、企業の重要な課題である労務管理を、入口・中間・出口に大別して解説しています。

入口とは採用に関することで、求人や雇用契約の秘訣を、中間とは雇用中の労務管理のことで、固定残業代、有給休暇、人事考課の秘訣を、そして最後に出口とは退職にまつわる労務管理のことで、主に問題社員の退職勧奨の秘訣について解説しました。

この本が少しでも中小企業の経営者をサポートすることとなれば、望外の喜びです。

目次

第1章 入口の労務管理

求人広告・採用・雇用契約の秘訣

1 求人広告

2 採用

3 雇用契約

第2章 雇用中の労務管理

残業・有給・人事考課・管理の秘訣

1 労働時間・残業

2 有給休暇

第3章

出口の労務管理

問題社員・退職勧奨の秘訣

1 問題社員

2 退職勧奨

付章

働き方改革

真の目的は企業の新陳代謝

第 1 章

入口の労務管理

求人広告・採用・雇用契約の秘訣

1 求人広告

今、求人情勢が逼迫しています。有効求人倍率はバブル期以来の高水準となりました。空前の売り手市場であり、人を採用することが極めて難しい状況となっています。そこで社労士の視点から、求人広告の効果をアップさせる方策をご提案したいと思います。

これが基本！

当たり前の労務管理を応募者に伝える

応募者が求人広告を見る目には、2つの視点があります。1つは現在同時に掲載されている企業との比較という視点、もう1つは自分がかつて勤めた企業との比較という視点です。盲点なのは、この2つ目の過去との比較という視点です。

中小企業の求人募集は中途採用が主流です。中途採用ということは、応募者の多くは過去に数社の会社勤務を経験していることになります。さらにその転職動機として、前職の労働条件や労務管理に不満があって転職する層が少なからずいるのです。そして世間では、意外にも当たり前の労務管理が行われていない実態が多くあり、労働者はそういった現実を経験しています。例えば、次のようなことです。

- 限度を超えて長時間労働になっている……。
- 残業代が出ない……。
- 正社員にすら健康診断を行っていない。ましてやパートなど……。
- 労働条件は社長の意のままで、勝手に変更される……。
- そもそも有給休暇など、ウチの会社にはないと言われた……。
- 社会保険は認められた者だけしか入れない……。

こういった思いを持っている求職者層がかなりいると推測できます。彼らが以下の募集要項を見たとき、こんなことを思うのではないでしょうか？

時間： 9時〜18時（休憩1H）──→「本当に1時間休めるの？」
「本当は何時までかかるの？」

賃金：月給25万円――→「残業代は別に支払ってもらえるの？」
「これは残業を含んでいるの？」
休暇：有給休暇、慶弔休暇――→「有給休暇って書いてあるだけじゃない？」
待遇：各種社会保険完備――→「初日から入れてくれるの？」

ですから、特別魅力的で有利な労働条件を提示できなくとも、こういった疑問に丁寧に答えられるだけでも武器となり得るのです。

中小企業で特別有利な労働条件を提示できることのほうが少ないはずですから、当たり前の労務管理ができている会社は、そのことをきちんと文字でアピールすることです。「ここは労務管理がちゃんとしている会社」ということがアピールできれば、それだけで他社より相対的に有利になります。この当たり前の労務管理は、自社では気づきにくいので、外部からチェックしてもらうのがよいでしょう。

ポイントは、応募要項を無味乾燥に並べるのではなく、それらに一言説明を加えることです。以下にいくつか記載例を挙げておきます。

●労働時間に関すること

▼残業が少ない会社の場合

・9時～18時　※残業はありません。18時きっかりに帰社できます。

・9時～18時　※平均残業1ヵ月30時間（36協定内で、長時間残業はありません）

▼休憩時間にきちんと休める会社の場合

・休憩時間12時～13時　※休憩時間はきちんと自由に休めます。仮眠、マンガOK！

▼早出がない会社の場合

・9時～18時　※9時前にお入りいただければ結構です。早出はありません。

●休日・休暇に関すること

▼休日出勤がない会社の場合

・日曜祝日、隔週土曜日、夏季年末年始（年間休日105日）

※会社休日に出勤をお願いすることはありません。

▼有給休暇の取得に自由度がある会社の場合

・有給休暇あり　※有給休暇は法定日数を自由に取得することが可。

・有給休暇あり　※有給休暇取得率60％超。パートも取得可。

●賃金に関すること

▼残業代はきちんと支払う会社の場合

・月25万円　※18時を過ぎた場合は、きちんと残業代をお支払いします。

・月25万円　※基本給に残業代は含まれておりません。別途支給します。

●社会保険に関すること

▼入社初日（試用期間中）から加入する会社の場合

・各種社会保険完備　※社会保険は入社初日からご加入いただけます。

●その他

▼就業規則を開示している会社の場合

・就業規則完備　※就業規則は全社員に公開しています。

▼労働契約を文書で交わす会社の場合

・労働契約書完備　※労働条件は、きちんと文書で交わしますから安心です。

▼健康診断を行っている会社の場合

・健康診断あり　※健康診断は毎年7月に実施。全員（パートも）受診可。

当たり前の労務管理を当たり前に行っている企業は、こういったことの記載も検討してみてください。

蛇足ながら、こういうことは広告プランナー任せに求人を出すと絶対に出てこないアプローチです。必ず主体的にアピールして、記載してもらう必要があります。

丸投げ厳禁！　求人広告には必ず社長がコミットする

求人広告は、絶対に広告業者またはハローワーク任せにしない、または自社の権限のない担当者任せにしないことです。人事責任者がしっかりと求人広告を組み立て、むしろ業者や職安に提案していかなければなりません。

これから、そのポイントを解説していきます。

1 仕事内容をもっと工夫しよう

名のある企業でない限り、応募者は募集要項の中身が情報のすべてといっても過言ではありません。その中で仕事内容は、求人広告で応募者が一番気にかけて見る項目ですが、ここが貧弱な広告が非常に多いのです。例えばこんな感じです。

［仕事内容］ルート営業。誰にでもできる簡単な営業です。未経験可。

応募者から見れば、何のことかさっぱりわかりません。せめてこのような項目をできるだけいっぱい記載したいものです。


⑴具体的に何をする仕事なのか（営業、介護、ドライバー、工場内作業など、職種名を一言で済ませることはタブー）。

⑵どのようなキャリアアップができるのか。

⑶どんなやりがい、どんな楽しみがあるのか、どんなときに嬉しいのか。

⑷どんな人と働くのか、周りはどんな人か。

⑸その仕事の社会的意義、目的はどんなことか。

2 応募者が抱く不安を払拭しよう

経験者を求める場合でも、未経験者を求める場合でも、応募者にはその業界に抱く潜在的な不安要素があります。これをできるだけ払拭してあげなければいけません。

例えば、介護職やドライバーは慢性的に人手不足の仕事ですが、私のような業界の素人でも、一般的にはこんな不安が想像されます。

▼介護の場合

人手不足で忙しい、賃金が安い、生活設計が見通せない、体力的負担、休みが取れない、人間関係、夜間業務への不安、利用者からのハラスメント、家族とのトラブル、勤務が不規則、時間が長い、福祉器具操作の不安……

▼ドライバーの場合

長距離か近郊か、歩合制か固定制か、事故損害時の弁償、高速を使えるのか、リフト運転はあるのか、積み込み・積み下ろしは誰がするのか、車の安全装備はどうか、長時間労働か、セールスもするのか、休みが少ない、社長が怖い……

いかがでしょうか？

わが社の良いところだけにフォーカスするのではなく、自分の仕事や業界は何がネックになるのかということを考えるのです。そうすると、前記のような項目がたくさん出てくるはずです。

こういった不安要素を、できるだけ緩和する情報を提供していくのです。応募を決断する材料を与え、不安を払拭して応募者の背中を押してあげる情報が必要です。本人だけなく、家族の理解も得られやすいはずです。

3　少しだけ厳しい現実も伝えよう

広告となると、どうしても甘い情報を羅列しがちですが、少しだけ厳しい現実にも言及しておくほうが、誠実な広告として映ります。

ぜひいろいろ考えてみてください。

意外に効く！ グリコの〝おまけ〟で他社に差をつける

さて、ここでは「グリコの〝おまけ〟を侮るべからず」として仮説を立ててみたいと思います。

皆さんは、グリコの〝おまけ〟をご存知ですよね？ 子どもの頃、夢中になった人もいるのではないでしょうか？ そして、商品自体はそんなに好きでなくとも、〝おまけ〟があると何だか嬉しくてついつい買ってしまうという経験は、誰にでもあるのではないでしょうか？

これを求人広告で考えた場合、商品自体とは給与や休日のことで、給与が高く、休みが多いに越したことはありません。でも現実には、そう簡単にはいかず、結局似たり寄ったりの給与や休日が並ぶのです。

そこで、グリコの〝おまけ〟の登場です。

つまり、コアな商品（募集条件）で差がつけられなければ、〝おまけ〟で勝負してみるのです。少なくとも同じ内容の商品が並んでいるとき、皆さんなら〝おまけ〟がある商品となない商品のどちらを選ばれますか？

わかりやすくするために、単純な募集条件で比較します。その他の項目以外は、A社、B社ともにまったく同じです。

A社

- **職種**　製造工
- **時間**　8時から17時
- **休日**　日、祝、月2回
- **場所**　大阪市○○駅から歩5分

B社

- **職種**　製造工
- **時間**　8時から17時
- **休日**　日、祝、月2回
- **場所**　大阪市○○駅から歩5分

その他　**貸付金制度（住宅、教育等）**
教育メンター（専属指導係）制度

おそらく条件が同じなら、求職者も〝おまけ〟つきのB社をまず選ぶのではないでしょうか？

ここで〝おまけ〟とは、職種、給与、労働時間、休日・休暇、立地以外の項目のことで、具体的には以下のようなものです。

▼お金、プレゼントに関する〝おまけ〟

財形貯蓄制度、私的年金制度（個人確定拠出年金・iDeCo）、自社積み立て制度、団体生命保険、個人表彰制度、貸付金制度（住宅、教育など）、誕生日祝い金、結婚記念祝、永年勤続祝、慶弔見舞金、入社準備金など

▼教育支援に関する〝おまけ〟

外部研修（費用は会社負担）、資格取得援助金（補助金）、海外研修（留学）制度、自己啓発援助制度、社内自主勉強会（任意）、教育メンター（専属指導係）制度など

▼法定休暇以外の〝おまけ〟

有給休暇（入社時から10日付与）、長期リフレッシュ休暇、バースデー休暇、学校行事休暇、会社創立記念日休日など

▼福利厚生的な〝おまけ〟

提携託児所の保育料割引、保育所完備（24時間体制）、借上社宅制度、社員食堂あり、食事補助、社員割引制度、労災上積み補償制度、制服貸与、服装自由（ジーパン・Tシャツ

可)、現物支給多数あり(お酒、お米など)、商品券、契約保養所

▼人事制度に関する〝おまけ〟

正社員登用あり、キャリアパスあり、転勤なし、5年未満無期転換OK、社内ベンチャー制度、マタニティタイム制度、独立支援制度

▼仕事以外の活動に関する〝おまけ〟

社員旅行(家族同伴可)、海外旅行(昨年ハワイ)、各種レクリエーション(運動会、ソフトボール大会など)、ボランティア週間、社内クラブ活動(野球部、ゴルフ同好会)

▼その他の〝おまけ〟

記念日花束プレゼント、キャンピングカー貸出制度、テニスコートあり、法人契約スポーツ施設無料利用、リゾートクラブ法人会員、野球観戦・サッカー観戦、マイカー通勤(駐車場あり)、ガソリン代支給

これらを参考にして、ピッタリ同じとはいかないまでも、「ウチではこんなこともやっている」というものがあれば、どんどん記載していただきたいと思います。

これらは決して決定的な動機となるものではないかもしれません。しかし、同じような

募集条件が並んだとき、おまけがあるほうが有利なはずですし、少なくとも「おまけがついているから嫌だ」と考える求職者はいないでしょう。そうであれば、御社に隠れている〝おまけ〟は全部出すべきです。隠れている〝おまけ〟はありませんか？

時代はこれ！ 多様な働き方で応募者のわがままに応える

多様な雇用形態が求人市場に登場してきています。従来の典型的な勤務シフトである日勤フルタイム勤務が静かに崩壊し出しているのです。

これからは好むと好まざるとにかかわらず、求職者の多様な就労ニーズ、言い換えると〝わがまま〟に応えていけるかどうかが、求人の成否を分けることとなる可能性が高いのです。

今まで企業は顧客のニーズ（わがまま）には対応してきましたが、今後は求職者を顧客と見立てて、そのニーズに応えていける企業が、求人活動で生き残ることになっていくのかもしれません。

企業の論理としては、毎日決まった時間に決まった人が働いてくれるほうが、何かと都合がよいのは明らかです。しかし、現代の多様化した求人ニーズに応えていかなければ、競り負けることとなってしまいかねません。

ここでは、今、静かに進行している多様な働き方をご紹介するとともに、求人広告とリンクさせることを考えてみたいと思います。

取り上げる柔軟な働き方のバリエーションは、以下の4つです。

1　週休3日制
2　短時間正社員
3　兼業・副業
4　リモートワーク

1　週休3日制

これはユニクロや佐川急便などが先駆けて導入し、新聞紙上でも報道されました。特に日曜日や祝日など、通常多くの人が休日である日に労働者を確保したいサービス関係業種は検討に値する求人方法です。その仕組みは簡単で、法で認められた変形労働時間制（1ヵ月または1年単位）を活用して、以下のような設計にします。

(1) 1日の所定労働時間を10時間とする。
(2) 1週に3日の休日を与える。
(3) 出勤日に必ず土日祝の日を入れる。
(4) 就業規則を変更する。

これだけです。つまり人が集まりにくい休日に出てもらう代わりに、週3日の休日を約束するのです。しかも1日10時間までは残業代もかかりません。おそらく家族と休日を合わせる必要の薄い独身層や、休日の確保を重視する求職者には訴求力があるでしょう。

こういった人の立場で考えれば、1回出勤すれば、10時間も8時間もさして変わりはなく、それなら休日が多いほうを選択するはずです。しかも総労働時間は通常フルタイム勤務者と同じですから、給与体系を変更する必要もありません。

記載例

◎完全週休3日制社員募集!! 1日10時間ですが、毎週必ず3日休めます!!
~給与水準は通常の正社員と同じです~

2　短時間正社員

「正社員は毎日8時間で皆と同じ」という先入観に囚われる必要はありません。役割や人材活用の仕組みが同じなら、正社員であっても1日6時間勤務など、変化をつけても構わないのです。

小さな子どもを持つ女性労働者を例に考えてみましょう。保育所への送り迎え、子どもの晩御飯の支度などなど、やらなければいけないことがたくさんあるため、通常の始業終業時刻で拘束されることには躊躇するでしょう。

そもそも現在の育児介護休業法では、1日6時間とする育児のための短時間勤務制度があり、すでに義務づけられているのです。

従って、フルタイム勤務には制約があるが、正社員として働きたいと考える層にとっては、この短時間正社員制度は魅力的に映るでしょう。

但し、給与体系は通常の正社員と同じとはならず、削減される時間に合わせて減額することとなります。

記載例

◎1日6時間　短時間正社員制度あります!!
※小さなお子さんをお持ちの方、家庭や趣味と両立をしたい方に最適!!
※給与水準以外は、すべてフルタイム正社員と同待遇です。

3 兼業・副業

従来は多くの企業で、兼業・副業は認めてきませんでした。しかし政府は、この兼業・副業を企業に普及させる方向で考えており、今までは原則禁止にしていた厚生労働省のモデル就業規則でも、原則容認で改訂がなされています。

昨今、残業削減の影響で、実質賃金が目減りする人たちが発生しています。その中で、もっと稼ぎたいと思う方にとって、ちょこっと副業で稼げるのは魅力的でしょう。

兼業・副業には、労働時間の通算方法や、災害時の補償のあり方などで、まだ法的に未整備な部分もありますが、週2、3日とか、夕方以降だけでもシフトに入ってもらえれば助かるような企業には、検討の余地があるかと思います。

記載例

兼業・副業をお考えの方、大歓迎!!
※本業の他に、ちょこっと収入を増やしませんか?
※配偶者控除の関係、生活保護の関係、兼業先との関係でたくさんは働けないけれど、ちょこっと働きたい方には最適!!

4　リモートワーク

情報通信機器が発達し、デスクワーク中心の内勤の仕事では、会社を離れて仕事ができる環境が整ってきました。

スカイプやチャットワークなどにより、遠隔地でも無料でビデオ通話ができ、電話とFAXだけの時代では不可能だったことができる時代となったのです(最近はさらに進化しているようです)。

リモートワークと一言で言っても、その形態は在宅勤務、サテライトオフィス勤務、モバイル勤務とあり、その中でも在宅勤務は有力な検討候補の一つです。

看護や介護と仕事を両立させたいと考えている人、通勤が困難な地域に居住する人などには、魅力的な働き方として映るでしょう。

記載例

◎事務員募集、リモートワーク（在宅勤務）もＯＫ！
～自宅にいながら、好きな時間にお仕事可能。通信機器は貸与します～

こういった制度を求人広告にきちっと書き込み、柔軟な働き方ができる企業であることをアピールしていくのです。

現実を知る！ パート・バイトには給与の多さを嫌う層もいる

主婦層や高齢者層に多い傾向ですが、彼らは必ずしも給与の絶対額にこだわっているわけではありません。その理由は主に次の3点です。

(1) 扶養親族になる範囲内で働きたいから
(2) 生活保護が切られるのを恐れるから
(3) 年金が減額されるのを嫌がるから

まず(1)についてですが、よく言われる１０３万円（現在は１５０万円）とか１３０万円の壁のことです。１０３万円とは所得税法上の扶養親族になる収入額の上限であり、１３０万円とは健康保険法上の被扶養者になれる収入の上限額のことです。

１０３万円を超えることにより、夫の所得税が上がり、あるいは夫に支給されている家族手当が打ち切られることを嫌うものです。また１３０万円以上となることで、夫の健康保険から外れ、自分で健康保険料と年金保険料を負担しなければならなくなることを嫌うものです。

そして、意外に多いのが(2)のケースで、母子家庭の母に当たる人の場合です。彼女たちは自治体から生活保護を受けていることが多く、認められると生活費はもちろん、医療費や住居費も補助があり、最低賃金で働く人よりも可処分所得でかなり優遇されていると言えます。

自治体からは働いて収入を得るように促されますので、一応就職はするのですが、給料が一定水準を超えると生活保護が打ち切られるため、それを恐れる方がいるのです。

また収入額を上げても、それに応じて生活保護が減少する仕組みであるため、保護費を含めた総収入は常に変わらず、ガツガツ働くことへの逆インセンティブになっています。

(3)については、高齢者のケースですが、60歳以上で老齢厚生年金の受給権者の場合、会社からの収入があると年金が減額される仕組みがあり、これを嫌がる人たちが少なからずいます。

また減額されるだけでなく、老後も年金保険料を支払い続けなければならないため、その負担も回避したいと考えるのです。従って、「働きたいけれどもフルタイムは困る」という人たちがいるのです。

これらの実態を考えると、会社に都合がよいからといって、フルタイムのパートを求め続けても、その求人はこういった人たちにはまったく訴求できておらず、この層をごっそりと採り逃していることになるのです。

従って、「時間の融通が利くこと」「1日に働く時間が短いこと」「1週間あたりの勤務日数が少ないこと」の要素を組み合わせたシフトを考えていく必要があります。

2 採用

ここでは募集の後、いかにして普通の人を安定的に採用するかを解説します。ポイントは社長のえこひいきで採用すること、そして足きりすべきだった人を採用しないことです。採用後は労働法の規制が大きくなるため、その前の採用段階でできることはすべてやっておきます。

これが一番！

社長にストレスのない性格の人を採用する

私は中小企業の人材確保は、社長がストレスを感じない人物をまず優先すべきだと考えています。ただ一口に中小企業と言っても、その規模にはかなりの開きがあります。中小企業基本法によると、その規模の定義は以下の通りで、この規模内であれば、法律上は中小企業と定義されます。

・製造業　　資本金３億円以下　または従業員数３００人以下
・卸売業　　資本金１億円以下　または従業員数１００人以下
・サービス業　資本金５千万円以下　または従業員数１００人以下
・小売業　　資本金５千万円以下　または従業員数50人以下

しかし、私どもが22年にわたり、中小企業の労務管理のお手伝いをさせていただいている実感からすると、この規模はかなり大きなものです。50人以上の従業員を抱える企業に出会うことは、実は非常に少ないのです。

別の統計があります。平成27年版経済センサス（総務省統計局）によると、日本にある民営事業所の従業員数ごとの割合は以下の通りとなっています。

・「１～４人」が３２２万５千事業所（事業所全体の58・２％）
・「５～９人」が１０９万事業所（同19・７％）
・「10～19人」が65万事業所（同11・７％）

実に従業者数10人未満の事業所が全体の約8割を占めているのです。20人未満だと約9割となります。この実感は、私どもの皮膚感覚に非常に近いものがあります。つまり中小企業と言っても、その実態のほとんどが小規模事業者なのです。そしてその経営の多くは、オーナー家系による同族経営で行われています。

こういった背景の下、経営者の大部分を占める10人未満の小規模事業者は、「社長のえこひいきで人材を採用するのが基本」だと考えています。つまり社長が好む性格傾向の人材、ストレスを感じない人材を優先すべきだと思うのです。

私は日常、経営者の方から従業員のことでさまざまなご相談を承りますが、その多くの類型が「社長から見て困った社員」に関するご相談なのです。

困った社員と言っても、法的には解雇や懲戒処分などできない案件がほとんどです。法的に問題なのではなく、〝社長と合わない〟のです。その合わない社員は、毎日、目の前にいます。どこか遠くの支店で働く、名前も顔も知らない社員ではありません。何百何千人といる中の1人ではないのです。

そうであるならば、経歴、保有資格、スキルに注目する前に、まず「自分と合うかどうか」を判断の機軸に据えたほうがよいと思うのです。いくら仕事ができても、社長と合わなければ、社長は日々ストレスがたまるだけで、会社へ行くのも億劫になってしまいます。特に、創業間もない小規模企業であれば、社長と合う人材を集めて、自社の社風を確立することが先決でしょう。

仕事は多少習熟に時間の長短はあっても、大抵教えればできるものです。後からでもいいのです。しかし、合わない性格傾向を合わせることは、ほぼ不可能と考えたほうがよいでしょう。教える以前の問題となります。

ただ、そうすると「同じ傾向の人材ばかりが集まり、多様性がなくなって、組織として活力を発揮できないのではないか？」と考えられる方もあるでしょう。

「ウチは10人未満だが、今回の募集は従来の我が社にはない気風の人材を意図的に採りにいく」という強い動機のある場合は、それで結構だと思います。そのような異色の人材を採りにいくという積極的動機がない限り、社長の好き嫌いを優先したほうが、結果的には安定した労務管理ができるというのが、現在の私の結論です。

では、社長と合う人材は、どのようにして見分ければよいのでしょうか？

1回の面接でその人の性格傾向をすべて知覚することは不可能ですが、雇用契約を締結するまでにいくつかのハードルを設けることで、合わないリスクを減らすことは可能だと考えています。適性検査システムを使用して、性格検査を行うのも一つのハードルですが、工夫すればいくらでもハードルを設置できます。参考までに次に一例を挙げておきます。

ハードルの例

好きなタイプ：控えめで、常識があり、慎重で真面目で努力家
嫌いなタイプ：イケイケ、破天荒で、猪突猛進、要領の良い人

一つのハードル＝会社に入ってきた時間

約束時間少し前に来る　◯
遅れてくる　×
早く来すぎ　?→×

解説　時間通りに来るのは当たり前。遅れてくるのはもってのほか。では早く来すぎはどうでしょう？　前記の性格タイプが好きなら、×にすべきです。約束時間までは何も予定がないのであり、時間を潰して入ってくることができるはずです。自分が早く着いたから早く入ってくるのは、自分の都合であり、自己中心的と言えます。相手は準備をしているかもしれないとの配慮や、早く行きすぎて失礼と思われるかもしれないといった、相手を慮る想像力が欠落している可能性があるからです。

採用の大原則！

何よりも採ってはいけない人材を排除する

いい「人財」が採用できれば、会社にとってベストですが、中小企業の場合、現実問題としてなかなか目にかなう「人財」は来てくれません。仮に来てくれたとしても、受け入れる企業のほうにその人を生かす環境がないため、逃げられてしまうこともよくあります。

ここで視点を変えて、「良い人財」はひとまず置いておき、いかに採用してはいけない「人罪」を水際で排除できるかを考えましょう。

なぜなら、できる社員は全体の2割しかおらず、ここを採るのは至難の業です。6割は普通の人ですから、ここを教育していくしかありません。そして残りの2割に貴社にとって採用してはいけない「人罪」がいるのです。

ところが、この残りの2割が中小企業に当たる確率は結構高いのです。何とかこれを回避して、せめて普通の人を安心して雇えるようになるにはどうするかを検討します。

それには、次の4つのポイントがあります。

1　社長なりの足きり基準をつくる

2　履歴書をもっと重視する
3　適性診断を行う
4　採用に関する事前確認書を有効に活用する

1　社長なりの足きり基準をつくる

中小企業の場合、応募者と面接する決定権者は、ほとんどが社長自身であることが多いと思います。それならば、もっともっと人に妥協せず、経営者自らの「ここは絶対に譲れない」という足きり基準を設けておきましょう。後に述べる適性検査の結果や面接の印象が仮に良かったとしても、妥協しない基準を設けておくのです。

例えばこれはある会社の基準ですが、そこは事務所が土足ではなく上履きになっていて、社長はいつも靴の脱ぎ方を見ています。そして靴を手できちんと入室と反対方向に揃えなければ、アウトにしています。その社長はこう言います。

「ウチは形のないものを人間力で販売するサービス業である。靴もきちっと揃えられない人は、ろくな家庭教育を受けてこなかったはずである。今まで何度も親と他人さんの家に上がることもあったはずで、きちんとしつけられていない証拠だ。一事が万事。そういう人は採用しない」

この基準が合っているとか間違っているとかではなく、採用の自由がある経営者は、自分なりの価値観で妥協しない一線を持っておくべきではないでしょうか？ もしそういった基準も持たずに漫然と面接しているとしたら、一度考えてみてはどうでしょうか？

他にもこんな足きり基準が考えられます。

▼勧められてから座ったか

事務員には、面接者をテーブルに案内してから「どうぞこちらでお待ちください」とだけ言わせます。絶対に「こちらに掛けてお待ちください」と言いません。そして面接者がその後しばらくしてから入るのですが、そのとき応募者はどうしているかをチェックします。面接官が来るまで、立って待っていればベスト。上座に座っていれば、無条件でアウト。座っているにしても、入口から近い席にかしこまって座っているなら、セーフです。

▼お茶は勧められてから飲んだか

面接が始まってしばらくして、事務員にお茶を持ってこさせ、そのお茶を黙って置かせます。そして面接官は、相手がそのお茶をいつ、どのように飲むかを観察するのです。勧められるまで手をつけず、こちらが勧めてから両手で飲めば、ベスト。勝手に片手で飲めばアウト。こんなところでも、しつけの程度がわかります。

2 履歴書をもっと重視する

私の事務所は社労士事務所ですから、社会保険の手続き代行業務をしています。当然、人の入社にかかる事務も代行させてもらうのですが、そのときに資料としていただくのが採用者の履歴書です。これをもとにいろいろな手続きを進めていくのですが、この履歴書に疑問を感じることがよくあるのです。

それはどういうことかと言うと、あまりにも記載方法が杜撰であったり、稚拙である履歴書であるにもかかわらず、採用してしまっている事実です。

選べるほど来なかったなどいろいろな事情があったのでしょうが、履歴書をもう少し重視してみてはいかがでしょうか？

これは前記の採用基準を設けることにもつながるのですが、こんな履歴書なら採用しないことにしている会社の事例を紹介します。

▼写真がきちんと貼ってあるか

よく当事務所に送られてくる履歴書には写真が貼ってないものがあります。別に指示されなくても、気が利く人間なら貼るべきところにはちゃんと貼ってくるのが常識ではないでしょうか？

▼書くべきところがきちんと埋まっているか

例えば、郵便番号が抜けている、フリガナ欄にフリガナがふっていない、通勤時間欄に時間が記載されていないなど、どうして書くスペースがあるのに省略してくるのでしょうか？　確実に仕事がこなせる人間だとは思えません。恐らく採用後も勝手に工程を間引きする可能性が考えられます。

▼書き直している箇所がないか

修正液などで訂正して、その上から記入しているもののことですが、審査してもらいに来ている人間の態度として軽すぎませんか？　最後の行で間違えたとしても、最初から書き直すくらいの慎重さ、丁寧さが欲しいものです。

このように履歴書一つだけでも、その内容を問う前に、その様式からある程度人間性を判断できることがあります。不備でもその上であえて採用するという高度な判断をするならいざ知らず、そうでなければもう少し意識して履歴書を扱いたいものです。

また、職務経歴書の読み方には注意を要します。立派な経歴や資格が記載されていても、疑ってかかったほうがよいでしょう。なぜなら「できること」が書かれているのではなく、「少しでも経験したこと」が書かれているからです。

3　適性診断を行う

人は実際に仕事をしてもらわないと、その適性があるのかどうかはわかりません。1回の面接では大企業の人事担当者だったとしても「外してしまう」ことはよくあるものです。試用期間を設けるとはいっても、採用は採用であり、適性がないからといって簡単に解雇できるものではありません。

しかし面接を含めた採用活動自体には、経営者の広範な裁量権、調査権があります。限られた面接時間の中でも最大限の適性検査を行い、企業にとって「人罪」になる可能性のある人物でないかどうかを真剣に吟味すべきだと考えています。

例えば事務系の仕事なら、何か課題文書を与えて、10分程度でも実際にパソコンを打ってもらうのがいいでしょう。営業員の一般常識を重視するなら、簡単な計算や漢字の書き取り、面談のマナーなどを試験することが考えられます。また経験を重視する職人さんなら、実際に図面をもとに機械操作してもらって、試作してもらうのもいいでしょう。

もし重要な業務を託す予定の人物や、小規模事業所の中でその人にかかる負荷が大きい場合は、少々コストをかけてでも、性格や行動特性、適性職種などが科学的に判定できる適性診断を行うこともお勧めです。

4　採用に関する事前確認書を有効に活用する

最後に申し上げたいのが、採用シートの活用です。これは面接のとき、採用内定のとき、雇用契約のときに分けて順次使用するのが効果的です。

まず面接のときですが、私は最近多くの企業で「採用に関する事前確認書」（51ページ）を使用されることをご提案しています。

このイメージは、生命保険に加入するときの告知書と同じです。つまり事前に告知した内容と相違した場合は保険金が出ないように、事前確認書と採用後の内容に相違があるときは、採用取り消しや解雇を承諾するというものです。

特に最近は精神疾患など、面接時や健康診断だけでは判断できない深刻な症状を採用後に発見することがあります。企業は採用した従業員に対して、安全配慮義務という従業員の健康に高度な債務を負っています。このリスクを回避するためにも、最大限に事前確認書を利用したいものです。

次に採用内定ですが、ここで重視するポイントは、採用を決定した意思表示を伝えてから、実際に出社する初日までの間に何か問題が発生した場合です。

例えば一旦電話で採用を伝えたが、出社日までの間に、「実はその人物は業界で有名な不良人物だった」というような話が後でわかったとか、提出書類に虚偽記載があることがわかったなどのケースです。

このような事態に備えて、あらかじめこういうことを想定した「採用内定通知」（52ページ）を発送しておけば、かなりのケースで誤採用を防げます。ただ単に電話で採用を伝えるだけの意思表示よりも有効です。

そしていよいよ出社初日になって、「雇用契約書」を交わします。絶対に口頭だけで済ませてはいけません。給料の内訳はどうなっているのか、残業はあるのか、退職金はあるのかなど、明確に規定しておきたいものです。

採用に関する事前確認書

採用に関する事前確認書

株式会社●●　代表取締役◎◎　殿

採用にあたり、あなたの健康状態、現況等について質問させていただきます。回答の結果は、あなたの採用選考、採用後の労務管理以外には使用しません。またあなたの同意なく、第三者に提供することはいたしません。記載は自由です。記載したくない場合は、記載しなくても結構です。

		いずれかに○
1	最近1年以内に医師の診察・検査・投薬を受けたり、入院手術を受けたりしたことがありますか	Yes　No　答えたくない
Yesの場合は内容をすべて記入してください。 疾病名（　　　）（　　　）（　　　） 時期（　　　）（　　　）（　　　） 診療科目 内科　循環器内科　消化器科　心療内科　精神・神経科　外科　皮膚科 整形外科　婦人科　眼科　耳鼻咽喉科　泌尿器科　脳神経外科 その他（　　　）		
2	現在、医師の診察・検査・治療・投薬を受けていますか	Yes　No　答えたくない
Yesの場合は内容を記入してください。 疾病名（　　　）（　　　）（　　　） 内科　循環器内科　消化器科　心療内科　精神・神経科　外科　皮膚科 整形外科　婦人科　眼科　耳鼻咽喉科　泌尿器科　脳神経外科 その他（　　　）		
3	過去の退職会社名と退職理由について、すべて下記に記載してください。	Yes　No　答えたくない
前職 （会社名：　　　理由　　　） 前々職 （会社名：　　　理由　　　） それ以前 （会社名：　　　理由　　　） （会社名：　　　理由　　　） （会社名：　　　理由　　　）		
4	最近1年間に健康診断を受診し、有所見（要精密検査）が出たことがありますか	Yes　No　答えたくない
Yesの場合は内容を記入してください。 所見内容（　　　）		
5	前職の各企業から退職証明書を取ってもらうことがありますが、その点について承諾頂けますか	Yes　No　答えたくない
6	保証人2名（同居の親族含む）の身元保証書への署名、または1名（同居の親族以外）の署名でかつ印鑑証明付を承諾できますか	Yes　No　答えたくない
7	入社前に健康診断書（入社予定日前3ヶ月以内）の提出または入社前の健康診断の受診お願いした場合、承諾頂けますか	Yes　No　答えたくない
8	誓約書の提出（服務規律、個人情報、営業秘密、競業避止、IT機器の使用法についてを含む）することを承諾頂けますか	Yes　No　答えたくない
9	過去、刑法犯として禁固または懲役若しくは罰金刑を受けたことはありますか、または現在執行猶予期間中ですか	Yes　No　答えたくない
10	反社会的勢力（暴力団及び準構成員、暴力団関連団体、社会運動等標榜ゴロ等）と関係を持ったことがありますか	Yes　No　答えたくない
11	長期勤続をお願いするつもりですが、数年以内に療養、結婚、出産、育児、看護、介護、配偶者の転勤などで継続が困難となるような事由はありませんか	Yes　No　答えたくない

上記事項について、記載の通り相違ありません。
万一入社後に事実と異なる虚偽の記載が判明した場合は、内定取消または解雇されても異議申し立てを行なわないことを誓約します。

令和　　年　　月　　日

氏名＿＿＿＿＿＿＿＿＿＿＿㊞

この書式は著者のホームページよりダウンロードできます。詳しくは199ページをご覧ください。

採用内定通知

平成　　年　　月　　日

様

会社名

代表取締役

採　用　内　定　通　知

時下、益々御清栄のこととお慶び申し上げます。

先日は当社社員募集に応募いただきまして、有り難うございました。

慎重かつ厳正なる選考の結果、貴殿の採用を内定することと致しました。

つきましては下記にご留意の上、指定日にご来社下さいます様ご通知致します。

なお下記３の書類が所定期日までに提出されないとき、下記４の事項に該当する場合は採用内定を取り消すことがあります。また下記１の日時までに連絡なく出社されないときは、採用を辞退したものとみなしますので念のため申し添えます。

記

１．来社指定日　平成　　年　　月　　日

　　　　　　　　午前　　時　　分

２．来社場所　　当社事務所

３．持参するもの　　　　　　持参日　　　平成　　年　　月　　日

４．①採用予定日までに卒業できないとき若しくは所定の免許、資格を取得できないとき

②健康診断の結果または心身の病気その他健康上の理由により勤務が困難であると認めるとき

③履歴書その他の提出書類に虚偽の記載があったとき若しくは面接時に不実の陳述があったとき

④犯罪行為のあったとき

⑤暴力団に所属し若しくは関係しているとき

⑥当初に知りえていれば採用を見合わせたと思われる事実が判明したとき

⑦採用を取り消すべき経営上重大な理由があったとき

この書式は著者のホームページよりダウンロードできます。詳しくは199ページをご覧ください。

また、就業規則の閲覧方法も説明します。さらに、営業上の秘密や個人情報に関する「守秘義務の誓約書」や、場合によっては「身元保証書」を取るのもいいでしょう。義務をはっきりさせるとともに、心理的な抑制効果もあります。

身元保証書に関しては、万が一損害が発生したときに、賠償請求する目的のみならず、紛争となったときに仲介を依頼する役割もあります。これを持参できないのは、大人になるまでの長い間、その人のことを「大丈夫です」と言ってくれる人が1人もいないということになります。

妥協は不可！ 人手不足の採用難でもこの3点は曲げない

令和の世を迎え、バブル景気で沸騰していた時期を上回る人手不足状態が続いています。特定の業界においては人材募集が極めて厳しい状況下にあり、求人広告を打っても応募すらないことも多いでしょう。

そういったこともあって、ややもすれば最近、採用のハードルが下がり気味になっているのが少々気がかりです。応募がなく、求人を急いでいる状況下では、焦りからどうしても目が曇りがちになります。

しかし、いくら厳しいからといっても、最低限、以下の3つの要素については、事前にきちんと確認しておくようにしましょう。いわば妥協不可の3点セットです。

1　健康状態
2　退職事由
3　出産・育児・介護・看護の有無

1　健康状態

何よりも最優先で確認すべき事項です。労働契約の本旨は非常にシンプルで、使用者の義務は賃金を支払うこと、労働者の義務は労務を提供することです。この等価関係で成り立つ契約です。

そして使用者の義務である賃金の支払いは、遅らせたりカットしたりすることはできません。これは契約論とは別に、労働者を保護するためにある労働基準法第24条違反になるからです。

一方、労働者から提供される労働力ですが、これも本来、不完全なものであってはいけません。まずは健康な状態で労務を提供する義務があります。これを規律する実定法は存在しませんが、契約の解釈上、または付随義務として当然の帰結と言えます。

つまり労働力とは、能力や技術や知識や経験を期待する前に、完全な労働力を提供する必要があり、これはすなわち健康体で労働に従事する意を含みます。健康な状態で働くことは当たり前ですよね。

しかし、採用時において健康状態を労働者のほうから開示申告する義務まではありませんん。個人的には信義則上、労務に支障が出る状況があれば、事前に申告すべきだとは思うのですが、申告しなかったからといって、責めを負うものではないのです。ですから、この情報は、使用者のほうから積極的に取りにいく必要があります。

例えば、こういうことです。

・長時間同じ姿勢を繰り返す業務や重量物を扱う業務なら、腰痛は大丈夫か?
・自動車運転や危険物を扱う業務では、パニックや意識障害を起こす持病はないか?
・業務遂行に支障が出る薬物投与は受けていないか?

特に最近では、精神疾患で困惑することが多発しており、健康診断結果のみではわからないことが多くなっているのです。但し、健康情報は非常にセンシティブな情報であり、無原則に集められるものではなく、要配慮情報とされています。

ただここで私が申し上げたいのは、民間企業においては採用活動の自由が保障されており、そのための合理的な範囲内での情報収集は認められていて、不完全な労働をあえて受領しなければならない義務まではないということです（但し、障がい者は傷病者と違い、一定規模の企業には法定雇用率が定められています）。

まずは健康な状態で労働が提供できるのかどうかを確認しましょう。

2 退職事由

これは次項で詳しく説明するので、そちらを見ていただきたいのですが、簡単に言うと、事前に退職事由がわかっていれば、採用しなかったであろうことを想定して、退職証明書（62〜63ページ）を活用しましょうということです。

3 出産・育児・介護・看護の有無

これは採用後、すぐに長期間にわたって職場を離脱する可能性があるかを探るものです。

出産・育児・介護・看護に関しては、育児介護休業法ほか関連法により、労働者の権利として認められ、保護されているものであり、世の中の流れもこういったことに対して寛容に受容していかなければならないことは理解できます。

しかしここで私が想定しているのは、日本の大部分を占める中小企業、とりわけ小規模企業です。出産・育児・介護・看護に優しい社会の理念は充分に理解できますが、実際問題として、小規模企業において長期離脱者が出ると、かえって周りの労働者の負担が増大し、業務に著しい支障が出かねない現実を無視できないと思うのです。

長年企業に貢献している社員であれば、何とか継続してもらえるような工夫を施す余地はありますが、入社してすぐに離脱するなら、他の人を優先的に採用する選択肢があったはずです。

ここまで申し上げたことは、いちいち面接時に口頭で聞くのは難しい事柄ですし、聞き漏れも生じやすいことから、私どもでは前述の「採用に関する事前確認書」を使って自己申告してもらう方式をご提案しています。面接時に応募者本人にアンケートのような形式で記入してもらうものですが、強制にならないように留意して説明する必要があります。

例えば、こんな言い方です。

「私どもでは面接にお越しいただいた方全員に、この申告書にご記入いただくようお願いいたしております。これは採用後に何らかの配慮事項があるのかを事前に確認するもので、あなたの健康状態や退職事由などを尋ねているものです。内容にセンシティブな事項も含まれていることから、ご記入は任意にお任せしております。もし何らかの事情でお書きいただき難いようでしたら、空欄でも結構です。宜しければご協力ください」

このように説明すると、ほとんどの方は記入してくれます。記載内容を採否の判定にどう活かすかは企業の判断です。また、万が一書いてくれなかった方をどう判断するかも企業の自由です。

求人情勢が厳しいと、どうしてもハードルを下げざるを得ません。しかしこの3点セットの確認は必ず行っておくことが、その後のリスクやトラブルを回避する最低限の予防策だと考えています。

またリスク回避のための採用判定方法は他にもありますが、本書では最低限のことを記しています。ここに挙げたのは、リスク回避が目的の方法であって、有能人材の判定に関しては考慮から除外していることを念のため付言しておきます。

絶対に重要！

退職証明書を活用して離職事由を確認する

新卒採用より中途採用が多い中小企業では、前職の退職事由に重大な関心を払うべきです。なぜなら、前職でトラブルを起こして退職している人もいて、同じことを繰り返すことがあるからです。そのリスクを低減させるのが「退職証明書」（62～63ページ）です。

この退職証明書は、「退職時等の証明」として労働基準法第22条にその定めがあり、その要旨は「労働者が退職の場合に在職中の契約内容などについて証明書の交付を請求したときは、使用者は遅滞なくこれを交付しなければならない」というものです。そして使用者が労働者の請求に応じて証明義務があるのは、次の5項目となっています。

(1)使用期間
(2)業務の種類
(3)当該業務における地位
(4)賃金
(5)退職（解雇）の事由

またこの5項目は、すべて証明義務があるのではなく、5項目のうち、労働者が請求した事項のみ証明する義務があることになっており、請求しない事項は法定項目でも証明してはならないものです。当然、虚偽の証明は犯罪になります。

ここからが本題です。今後、採用候補となった応募者には、この「退職証明書」を求めることを推奨したいと思うのです。そして、そこで求める証明事項は「退職（解雇）の事由」です。

面接時に履歴書を見て、前職の退職事由を質問されるケースは多いと思います。しかしそのとき、仮に問題行動があって離職している場合、果たしてその事実を正直に申告していただけるでしょうか？

過去にこんな事例がありました。

▼事例1

ある業界で転職を繰り返しており、職務経歴書からは相当の技術が想像される方がいました。場合によっては即、責任者を任せられるような経歴です。即戦力が欲しいA社としては、期待を込めて採用しました。

ところがこの人物、採用してみると極めて素行が不良で、問題発言や行動を繰り返す始末。たまりかねて解雇を告げると、待ってましたとばかりに労働基準監督署（労基署）への申告や訴訟と手際よくA社を攻撃してきました。

後でわかったことですが、この人物、行政の窓口でも度が過ぎた申告を繰り返す人物として有名な、いわば常習者だったのです。

▼事例2

私はかつて裁判外紛争解決機関において、あっせん委員を務めていました。担当したある紛争事件は、会社の金銭横領事件でした。

あっせん申立人は会社であり、その使い込みをした労働者に返済を求める内容です。ギャンブルのために使い込んだらしく、断定はできないものの常習性を感じます。事件としては横領事実に争いがないため、その金額の確定や返済方法が主な争点でした。

その労働者は当然解雇されていたのですが、あっせんをしている当時、大手のスポーツ用品販売ショップB社に再就職をしていました。事件とは関係がないことですが、このB社、ちょっと心配です。

退職証明書

退　職　証　明　書

＿＿＿＿＿＿＿＿＿＿＿＿様

あなたの退職について、下記の通り証明します。

令和　　年　　月　　日
所在地
会社名
代表者名　　　　　　　　　　　　　　　　㊞

退職年月日	昭和・平成・令和　　年　　月　　日
退職理由 (該当項目を○で囲む)	①自己都合退職（本人からの申出による合意解約） ②辞職（労働者の一方的退職） ③会社からの退職勧奨の受け入れ（合意あり） 具体的理由： ④希望退職の応募による退職 ⑤定年退職 ⑥休職期間の満了 ⑦契約期間満了による退職 ⑧移籍出向による退職 ⑨解雇（別紙の理由による） ⑩その他の事由 具体的事由：

※ 退職理由が解雇の場合、その理由を請求しないときは、別紙を交付しません。

本紙を使用して、前の会社で証明をもらってください。

解雇理由にかかる別紙

＊該当番号を○で囲む

①天災その他やむを得ない理由によって当社の事業の継続が不可能になったことによる解雇
具体的理由：

②事業縮小等による解雇
具体的理由：

③職務命令や服務規律に対する重大な違反行為による解雇
具体的理由：

④業務について不正な行為による解雇
具体的理由：

⑤相当期間・回数にわたる無断欠勤等、勤務不良であることによる解雇
具体的理由：

⑥健康状態不良による解雇
具体的理由：

⑦執務態度不良または能力不足による解雇
具体的理由：

⑧試用期間中または本採用拒否による解雇
具体的理由：

⑨懲戒処分による解雇
具体的理由：

⑩その他の理由よる解雇
具体的理由：

この書式は著者のホームページよりダウンロードできます。詳しくは199ページをご覧ください。

例えば前記2つのケースで、仮にA社、B社とも、前職の退職証明書を求めていたらどのようになっていたでしょうか？　持参した退職証明書に記載された事実を見れば、とても採用はできないでしょう。

また、そもそも円満に退職していない状況下において、前の会社に退職証明書を求めること自体ができるでしょうか？　恐らく持参できないと思います。

企業には営業活動の自由があり、採用の自由もその中に含まれます。持参できない方を採用しない自由もあるのです。

一応申し上げておきますが、問題行動があったとしてもそれは過去の事案であり、今後将来に向かって真面目になってくれる可能性もあり、一概に排除することに異論がある方もおられるかもしれません。

しかし、採用後に課せられる使用者の労働法上の義務の重さや経営環境の厳しさを比較考量するとき、そういった方を積極的に採用しなければならない理由はないはずです。

3 雇用契約

採用する人が決まったら、きちんと雇用契約書を結びます。これは労働基準法で決まっているからやるのではなく、企業防衛のために行うものです。雇用契約書を結ぶ場面と、その後の試用期間は、いわばトラブル回避のための最後のハードルとなるものです。

最初が肝心！

雇用契約書の記載の仕方でトラブルを防ぐ

多くの中小企業で雇用契約書の重要性が過小評価されています。そもそも口頭だけで済ませ、文書を交わしていないケースも多いのが現状です。

ここでは、よく雇い入れ後にトラブルになりやすい事案に絞って、雇用契約書の記載の仕方を考えたいと思います。

以降、７つのパターンをご紹介していきます。

①技術者や高度人材を年俸で雇う場合（一定額の年俸の保障を求められた場合）

［ポイント］仮に年俸７００万円保障と言われたとすると、初年度は賞与込みで年俸を保障し、次年度からは賞与部分は変動給にする。

記載例

賃　金：基本給30万円　役職手当10万円　家族手当1万円　通勤手当2万円
　　　　総合計43万円
賞　与：夏期7月　１００万円　　冬期12月　84万円
　　　※賞与は入社後1年間はこの金額を保障し、２年目からは会社業績、勤務成績等を総合的に勘案して決定する。

②歩合（出来高給）のある従業員を雇う場合

［ポイント］力のある営業員でもすぐに成績を出すのは酷なので、最初の3ヵ月間は安心してもらう意味と、成績が悪い場合は合理的に減額できる仕組みにする。

記載例

基本給20万円　営業手当2万円　歩合手当3万円
総合計25万円
⑴営業手当は時間外手当相当額として支給する。
⑵歩合手当は入社後3ヵ月の間、営業成績にかかわらず定額で支給し、歩合額がこれを上回るときはそれによる。3ヵ月経過後はカットし、営業成績に基づく歩合給に変更する。

③時間外手当をどうしても超過時間に応じて支給できない場合

A　基本給に内込み残業代方式

【ポイント】 基本給の中に何時間分でいくらの残業代が内込みになっているのかを明確にする。

【前提条件】 月給45万円　時間外労働時間数45時間／月　1ヵ月平均160時間

記載例

基本給45万円（基本部分33万2948円、時間外45時間分11万7052円）

［計算式］①45時間×1・25＝56・25時間

②45万円÷（160時間＋56・25時間）＝2080・92

③2080・92×160時間＝33万2948円

④2080・92×1・25×45時間＝11万7052円

③＋④＝45万円

B　固定残業代方式

［ポイント］定額手当が時間外手当相当額であることを明記する。

［前提条件］1ヵ月平均所定労働時間160時間

記載例

> 月給30万円　営業手当10万円（内5万円（18・2時間分）を固定残業代とする）

［計算式］①（30万円＋5万円）÷160時間＝2187・5

②5万円÷（2187・5×1・25）＝18・2時間

（18・2時間分までは支払い済みとなる）

④外勤（営業）職を雇う場合

［ポイント］みなし労働時間を適用するということを、その意味も含めて、きちんと説明する。

記載例

> 労働時間：９時００分～18時００分（実働８時間）
> (1)所定内みなし労働時間制を採用する。
> ※所定内みなし労働時間制とは、事業場外労働と事業場内労働の両方がある場合でも、現実の労働時間にかかわりなく前記のみなした労働時間を実労働時間とするものであり、その効果は事後に変更されないものである。但し特別の事情のある場合は除く。

⑤配転拒否を防ぎたい場合

［ポイント］「私はこれしかやりません」「ここでしか働きません」と、わがままを言われないようにする。以下の事例だと、「全般」とはどういう意味か、「雑務」にはトイレ掃除もあるなど、事前に了解を得ておく。

記載例

職種：一般事務全般及び営業員の補助その他の雑務
⑴業務の都合により、職種変更、配置転換、転勤を命ずることがある。

⑥限定契約を利用して解除条件を緩和する場合

［ポイント］職種や勤務場所を限定した場合、異動には本人の同意が必要だが、その限定された職務や場所がなくなれば、自動的に退職となることをあらかじめ合意しておく。

記載例（ドライバーの場合）

職種：ドライバー及び付随業務に限定する。
就業場所：●●営業所（大阪市●●●●●……）
退職：⑴自ら退職を申し出て会社が承認したとき（承認日）
⑵運転免許取り消しになったとき（その日から2週間後）
⑶帰責事由にかかわらず、就業場所●●との取引がなくなった場合（最終取引日より2週間後）

⑦特約を付す場合

【ポイント】社長が特別に守ってほしいことは、口頭だけで伝えない。残念ながらほとんど忘れられるので、必ず書いて約束する。

記載例

特約：(1)時間外労働を行うときは、原則として事前に所属長の許可を得るものとし、自らの判断で行わず、これに反する労働は原則として労働時間として参入しない。
(2)退職時に〇〇職以上の管理職にある場合、または経営者と一体的な立場にある場合は、「守秘義務及び競業避止に関する誓約書」を締結する。

以上、さまざまなパターンを見てきましたが、大切なのは雇い入れ通知書ではなく、雇用契約書を結ぶことです。

雇用契約書は、双方が記名押印することで、最初に納得して入社した確認の証を残すものです。そのためには、契約書の末尾に、「上記、お互いに確認、承諾したことの証として各々1通保管する」などと記載し、署名押印します。

適当にしない！

試用期間の意味を理解して基準を明確にする

多くの会社で試用期間が設けられていますが、これを漫然とやりすごしているケースをよく見かけます。

試用期間は、その従業員が会社にとって人罪でないかどうかを見極める、経営者に与えられた最後のハードルですから、意味のある使い方をしてもらいたいです。

この試用期間を明確に定義した法令はありませんが、一般的には「採用にあたり一定の期間内におけるその者の勤務状況によって人物、性格、能力、経験等についてその者が真に正式従業員とするにふさわしいかどうかをテストする」ものとされています（『労働用語辞典』東洋経済新報社）。そして、それは1ヵ月から6ヵ月程度の範囲でなされているところが多いようです。

またこの試用期間中は民事上、正式採用した後よりも広い解雇権が認められ、労働基準法上も14日以内の場合は、解雇予告も予告手当の支払いも必要ないとされています。つまり、本採用前に使用者には広い権利が認められているのです。

しかし実務の現場では、この試用期間が漫然とやりすごされてしまっているようです。つまり本採用されるためには、会社として何を重視し、それが満たされないと会社が判断したときは、本採用へ移行しないという基準が、労使ともに明確になっていないことが多いのです。

これでは、いくら会社が試用期間と言っても、応募者はテストされている期間と認識せず、結局本採用されている状況と変わらないことになってしまいます。

そこで雇用契約書を交わすときに、きちっと試用期間の意味について説明し、次ページのように明示してはいかがでしょうか？　これは当事務所で使用しているサンプルです。

このようにしておくと、少なくともテストされている内容がわかり、意識づけにもなりますし、使用者としてもこれを重点的に指導していくこととなります。

ただ一つ勘違いがないようにお願いしたいのは、試用期間と有期契約とは法的性格が異なるということです。

試用期間が満了しても有期契約ではないため、その期日をもって自動的に契約終了はできません。本採用へ移行しない場合は、本人との合意がない限り、改めて解雇予告するか予告手当が別途必要です。

試用期間の記載例

試用期間：令和〇年〇月〇日から令和〇年〇月〇日
本採用に移行するための条件：試用期間中の執務態度（特に協調性と従順性及び別紙「守るべき5か条」）を勘案して判断する。本採用するときは再度労働条件を見直す。

守るべき5か条（別紙）

⑴わからないことは聞く
わからないことは多分こうだろうと勝手に推測してやるのではなく、事前に尋ねること。

⑵見直し
一度作成したもの、入力したものでも、間違いがないか必ず見直しすること。

⑶メモする
忘れるかもしれない、覚えられないかもしれないことはメモして書きとどめておくこと。

⑷報告
お客さんの所で何かあったとき、特に悪いことがあったときは必ず報告すること。

⑸周りの皆と協調する
小さな職場では周りとの協調的な執務態度がとても大切。和を乱す、自分勝手は厳禁。

会社側の立場で考えると、試用期間を設ける意味は、入社後に採用すべきでなかったことがわかった場合に、身の処し方をやんわりと話す舞台を事前に設けておくものと理解すればよいでしょう。

満了前に再度、文書化した基準を面接時と同じシチュエーションで出して、「3ヵ月前にこれこれについて、お約束しましたよね。そろそろ試用期間も終わりますが、どうでしたでしょうか?」という感じで円満に話ができるチャンスを設けておくのです。

ここに注意! 有期雇用契約の大事なポイントを押さえる

最近は、有期契約社員として採用する機会が増えました。今や就労人口の4割が非正規社員であり、その中でも相当数が有期契約と考えられます。

おそらく長い不況期を経験した経営者は、解雇規制の厳しい正社員よりも経営状況に応じて雇い止めがしやすい有期雇用に飛びついた感が否めません。

それに伴い、有期雇用をめぐるトラブルも続発し、労働契約法による法規制も厳しくなりました。有期だからと安易に考えると、大きなトラブルに見舞われかねません。

まず最低限押さえておいていただきたいのが、有期雇用契約の場合は、当該期間途中での解約はほとんど無理と考えたほうがよいことです。そういった意味では契約期間中の雇用保障は終身雇用の正社員よりも強いと言えます。

また、契約期間が満了したからといって、自動的に終了できないのが労働法の複雑なところです。

ここは法学講座の場ではありませんので、小難しいことは割愛しますが、要するに次のような場合は、司法では雇い止めを認めない傾向にあるのです。

- 有期契約を形式上結んでいるが、形骸化しており、実態は無期契約と何ら変わらない状態になっているとき
- 形骸化しているとまでは言えないが、反復更新により更新への合理的な期待が生じているとき
- 反復更新もしていないが、契約当初から更新されることに期待を抱かせるような態様で契約しているとき

そこで、雇い止めが無効と言われないための最低限の実務ポイントを5つお伝えしておきます。

①まず更新手続きを厳格にすること

よく満了期を過ぎてから、遡及して更新しているケースを見受けます。絶対にダメです。必ず満了前に次期の契約についてどうするか、文書を交えてきちんと話し合うべきです。そして更新が決まったら、必ず新しい契約書を交わします。他の契約のように自動更新はないと思っておいてください。

②更新の基準を明確にしておくこと

次の更新の可能性がある場合、どういった場合に更新するのか、逆に言えばどういったことがあれば更新しないのかということを契約書の中にも書き込み、労使できちんと認識しておくべきです。仮に更新を拒絶する場合には非常に有効です。

③安易に更新への期待を抱かせないこと

次期の更新がどうなるかわからない場合、「他の人は皆、更新されている」「これは形式上のもので普通は更新する」など、安易に更新への期待が生じるような言動は慎むべきです。長期雇用を前提にしているなら、初めから無期契約にするか、前記②のように更新基準を明確にするべきです。

④更新しない場合はそれを予告した上で最後の更新をすること

もし経営上、何らかの事情で雇い止めするときで、直ちに解約するほどでもないときは、あと1回だけ更新して、「今回の更新が最後になります」と、口頭でも契約書でも明示して、それでよければ更新してもらうべきです。

この場合、必ずしも従前と同じ期間でなければならないことはありません。これにより少なくとも次期への合理的期待は減殺されます。

⑤経営者だけの都合でむやみやたらに有期契約を濫用しないこと

これは、説明するまでもないことでしょう。人を使う上で品格を問われるケースすらあります。

では、定年後の再雇用契約やパートとの有期労働契約を締結する場合、具体的にどのようにするかですが、有期雇用契約書は次ページのように締結することをお勧めします。

雇用期間の記載例

雇用期間：令和○年○月○日～令和○年○月○日

1．本契約をもって最終とする

2．甲（会社）は次の各号のすべてが充足された場合に限り、乙（本人）との雇用契約を更新する。更新するときは再度労働条件を見直す。

⑴就業規則、誓約書、その他会社のルールを遵守できること

⑵常に上司の指示をよく守り、他の従業員と協調して職務を遂行できること

⑶契約期間中に無断欠勤、遅刻をしていないこと

⑷退職、解雇、懲戒事由に該当する行為がないこと

⑸心身ともに健康であること

⑹事業場の移転、縮小、廃止などの事情が生じていないこと

⑺契約期間中に業務上、重大な事故やクレームがないこと

⑻業務に必要な資格が停止となっていないこと

⑼その他、労働契約の本旨に従った労務の提供ができること

3．前号により更新する場合でも、通算5年を超えて更新しない。

ここでのポイントは次の3点です。

・今回で更新最後となるときは1に◯印を入れます。

・更新の可能性がある場合は、2に◯印を入れます。この場合、例示(1)~(9)のような、更新するための基準を明示します。各社で基準を設定してください。自動更新は絶対にしないでください。

・3の記載により、5年を超える契約はしないことを明示して理解してもらってください。有期雇用契約者が無期転換してしまうリスクを遮断するためです。特に定年後の再雇用者は、絶対に必要です。但し無期転換を受け入れてもよい場合は不要です。

そして、少なくとも雇用契約書の末尾に以下のように記載し、必ずその意味を説明してください。

「乙（本人）は以上の内容を確認し、理解した上で甲（会社）との雇用契約を申し込み、上記に関し、お互いに承諾したことの証として各々1通保管する。こと雇用期間の更新に関する事項については、乙（本人）は充分な納得をした上で、契約を申し込むものとする」

成功のカギ！ ヘッドハンティングではこうして採用する

大企業のようにゼネラリスト（管理監督者層）やスペシャリスト（高度技術者）が社内から育ちにくい中小企業の社内風土の中で、こうった人材を外部に求めて採用をすることがあります。

大手企業の管理職クラスの方、あるいは親企業や取引銀行からの再就職者が典型的な例ですが、これが上手くいかないことが実に多いのです。

これらを仮に「ヘッドハンティング採用者」と言いますが、私の長年にわたる社労士としての経験から、上手く機能した事例は非常に少ないというのが正直な印象です。

この原因はいろいろ推測されるのですが、大別すると次の3点に絞られるのではないかと考えています。

1　そもそも社長とソリが合わなかった

2　中小企業の〝あれもこれも〟に合わなかった

3　ミッションをはっきり伝えていなかった

1　そもそも社長とソリが合わなかった

これは一言で言うと、社長の価値観や感性に合わないことから来るもので、結局ミスマッチを起こし、それが社長のストレスとなってしまうケースです。最悪の場合は喧嘩別れのような事態に陥ることもあり、退職後も感情的なもつれから、トラブルとなることがあります。

中小企業の一般社員の採用方針の鉄則に、知識・能力よりも、社長の好みを優先するということがあります。要するに社長が好きな性格傾向の人をまず優先すべきで、スキルはその次ということです。

全社に社長の目が届く範囲の規模であれば、社長の好みに合うかどうか、自分の会社の社風に馴染むかどうかを優先し、その人物が下位2割でなければ、採用するべき人材と言えるでしょう。これを仮に「合う人優先採用」とします。

ところが、「ヘッドハンティング採用者」の場合は、どうしてもこの「合う人優先採用」の法則から外れます。つまり社長と合うかどうかは二の次で、まずスキルや知識を優先します。

ここに落とし穴があるのです。一目惚れしたがために判断が鈍り、付き合い出してみたものの、一緒にいると嫌な面が見えてくる。そんな感じでしょうか。

ここで言えることは、次のような選択が必要になるということです。

・合わない可能性のあることを承知の上で覚悟をもって採用するか
・やはり「合う人優先採用」を貫くか

2 中小企業の〝あれもこれも〟に合わなかった

これは図に書いてみると視覚的にわかりやすいのですが、まず円グラフを思い描いてください。

大企業の力量を表す円グラフは直径10メートルもある大きな円です。一方、あなたの企業は直径10センチだとします。とっても小さな円になるはずです。

大企業は10メートルもある大きな円ですが、そこに働く1人1人の占める面積は、恐らく棒線程度の面積しかありません。外周円から中心点まで長い線にはなりますので、非常に深いのですが、面積的には棒線くらいにしかならないのです。

しかしあなたの企業は小さな10センチの円ですが、わずか4名しかいません。これを円グラフの面積にすると90度の角度、つまり4分の1の面積を占めることとなります。イメージできたでしょうか?

中小企業では、1人1人の面積は深くはないけれども、幅が非常に広いことになります。これはどういうことを意味するかと言うと、中小企業は〝あれもこれも〟やらなければいけないのです。

例えば事務職だからと言って、経理だけに特化することはなく、総務も、人事も、庶務も、あるいは財務もやる。人手が足りなければ、倉庫も手伝うし、検品もやる。つまり〝あれもこれも〟なのです。

この根本的な働き方の違いが大企業の風土しか知らない「ヘッドハンティング採用者」には理解しがたいものと思われ、結局、その専門知識を深く活かせることもなく、周囲から浮いてしまい、居場所がなくなっていくような気がします。

ですから、ここで言えることは、次のようにどこまでやってもらうかを決めることです。

・〝あれもこれも〟やってほしいのか
・本当にその深い専門知識だけ提供してくれればよいのか

3　ミッションをはっきり伝えていなかった

「ヘッドハンティング採用者」のことで悩んでいるとご相談を受けたとき、私は次のようにお尋ねします。

「そもそもこの方に、何を期待して来てもらったのですか？」

そうすると答えに窮されるのです。社長としては採用すると何か良いことがあるだろうと期待して来てもらったはずですが、そもそも何を期待していたのでしょうか？

その思いが明確に伝わっていないのです。社長としては思いがあったはずです。「ウチの息子である若い専務に、いろいろと教えてやってほしい」とか、「前職の経験を活かしてほしい」とか。

でも「ちょっと待った！」です。そのいろいろと教えるとか、経験を活かすとか、一体何なのでしょうか？　阿吽の呼吸で理解してくれるものなのでしょうか？　結局、漠然とした期待はわかるのですが、それを「ヘッドハンティング採用者」にきちんと伝えていないのです。通常、「ヘッドハンティング採用者」は、自社の初任給相場よりうんと高い給与で招聘されます。その割には〝期待外れ〟となってしまうと、モヤモヤ感が生じてしまうわけです。ですから、ここで言えるのは、次のことを担保しておく必要があるということです。

・最初に何を期待しており、何を成果として出してほしいのかを文書できちんと伝える
・万が一、期待外れだったときに、給与を再改定しやすいように「特別保障手当」（詳細は次項）を入れた雇用契約書を結ぶ

リスク回避！ 特別保障手当で採用後の期待外れに備える

中小企業の採用の特徴として、定期新卒採用をするところは少数派で、どちらかと言えば即戦力を求めた中途採用が主であり、一定の社会的能力が初めからあることを期待して採用するものです。何年もかけて指導教育していく余裕はほとんどありません。

そんな中で、我が社にない特別な能力、知識、技術、経験を持っていると思われる人が応募してくると、過大に評価して採用してしまい、何とか来てほしいという負い目や焦りも手伝って、採用時にしては高額な給与で来てもらうことがあります。前職ではそれ相当の給料をもらっているからです。

この傾向は、一般の求人媒体を見て応募して来られる方よりも、どちらかと言えば取引先など知己の会社の従業員であったり、銀行からの採用であったり、親会社からの紹介であったりする場合に多いようです。いずれのケースでも、採用するまでは過大な期待があるのだけれども、いざ我が社で仕事をしてもらうと「う〜ん……」って感じになることが結構あるようです。

しかし雇った手前、解雇などして紹介者の顔を潰すこともできず、また一旦決めた高額な給与にも手がつけられず、困惑してしまう結果を招来する状況を散見します。

このような場合、どうすればよかったのでしょうか?

そこで提案したいのが特別保障手当の活用です。これはその名の通り、特別に保障するお金で、一定期間の暫定措置とします。つまり前職給与を考慮して、総額ではそこそこの額に設定するのですが、内訳は変えるのです。例えば、こういうことです。

「基本給30万円　特別保障手当10万円　総額40万円」

そしてその下に、次のような但し書きを入れます。

「※但し、特別保障手当は以下の能力（または成果）を前提として支給するもので、採用から1年間はこれにかかわらず支給しますが、○ヵ月後に再度面談の上、この基準に該当しないと会社が判断したときは、削除を含めた見直しをし、基準を満たす場合は基本給に組み入れます」

これをきちんと面接時に説明し、採用時には雇用契約書を交わして明記するとともに、再度念押ししておき、相手に承諾してもらった上で署名押印をしていただくのです。

できれば最初は有期契約にし、その後、大丈夫なら通常の期間のない契約にするのがいいでしょう。こうしておけば、万が一期待外れだったとしても、少なくとも最初の高額な給与に拘束されることはなく、見直しが容易です。そして、再度労働条件見直しのチャンスが持てます。

第 2 章

雇用中の労務管理

残業・有給・人事考課・管理の秘訣

1 労働時間・残業

ここでは、そもそもお金の支払いが必要な労働時間とは何かを確認した後に、時間管理の仕方、固定残業代の設定の仕方を解説します。特に固定残業代は昨今風当たりが強くなっており、きちんと制度設計しておかないと無効となるリスクが高まってきています。

明確に知る！

労働時間となる時間・ならない時間を把握する

「働き方改革」の影響で、社会全体が労働時間（特に長時間残業）の短縮に向かって動き出した感があります。中小企業もこの時流に乗り遅れると、これからの企業経営において後塵を配することとなっていくでしょう。

ところで、そもそも労働時間とは、一体どんな時間を指すのでしょうか？　実はこれを明確に定義した法律は存在しません。長い裁判例の中でおおよそ以下のように理解されています。

①使用者の指揮命令下に置かれている時間
②使用者が業務を黙認している時間
③使用者の黙示の指示がある時間

①使用者の指揮命令下に置かれている時間

通常の所定労働時間や残業命令によって業務に従事している時間はもとより、実作業に従事していなくとも、指揮監督下にあると評価されれば労働時間となります。

例えば、倉庫作業員がトラックが到着するまで作業がなく、ぶらぶらしていても、トラックが着き次第、すぐに荷下ろし、積み込みをするために待機しているような時間のことで、通常、「手待ち時間」と言っています。

②使用者が業務を黙認している時間

明確に指示命令したわけではないが、その作業を黙認している時間のことです。例えば自発的に居残って残業している場合、それを禁止や注意もせずに、結果としてその労働を受領しているようなケースです。

よく後から会社が、「それは従業員が勝手にやった仕事だ！」「仕事が遅いからこうなる！」と主張しますが、黙認状態であればこれは通りません。

③使用者の黙示の指示がある時間

明確な指示命令はないけれども、通常の時間帯では到底こなせないような業務を与えて時間外に作業している場合のことで、例えば、週末の帰宅前に「月曜の朝一までに仕上げておいて！」などと指示されて、結局居残るか、自宅へ持ち帰って仕事をせざるを得ない状況が典型的なケースです。

また、これらの考え方は客観説を採用しており、会社の取り決めより、実態を重視します。つまり会社が就業規則で「●●時間は労働時間としない」などと規定していても、実態がここに示した①から③に該当すれば、法的には労働時間とされます。

これに対して、休憩時間という言葉があります。これは拘束時間内にはあるが、労働から完全に解放され、自由に使用できる時間のことです。

但し、自由利用といっても、拘束範囲内ですから、規律保持上、一定の制限を加えることは可能です。例えば、外出許可制にするとか、賭け事を禁止するとかは構いません。

この原則を押さえた上で、具体的にいろいろなケースを概観してみましょう。

①準備・後片づけ

一般的には労働時間と解されています。使用者の気持ちとしては、始業前に準備を完了し、始業時刻から実作業を開始してほしいかもしれません。後片づけは実作業が終了してから行ってほしいかもしれません。

しかし、これらの付随行為は実作業と密接に関連しており、準備作業や後片づけがないと、仕事が回らないことからも、やはり労働時間と解さざるを得ません。

②朝礼やミーティング

労働時間になります。よく始業10分前に朝礼を行い、始業時刻から実作業開始としている企業もありますが、通常、朝礼やミーティングに参加することは明示的にも黙示的にも強制されているはずで、そうであれば指揮命令下にありますので、労働時間となります。

③着替え、保護具の装着

通常、作業服の着用は、職場内で行うことが義務づけられている場合が多いはずで、そうであれば準備行為として原則的には労働時間となります。

ただ、一般事務員の制服の更衣時間まで含めて考えるかは、正直、微妙なところです。安全衛生上必要な保護具（ヘルメットなど）の装着は、作業に必要不可欠なことから労働時間となります。

④昼休憩時の電話当番

休憩時間に来客や電話当番として待機させていれば、指揮命令下にあると評価されるため、原則的には労働時間となります。

但し実際には、来客などに対応することが極めて僅少で、かつ自由に時間を使える（昼寝、マンガＯＫとか）状況であれば、休憩時間と解してよいと思われます。

⑤掃除・清掃

従業員らが自発的に「金曜日の始業前に皆で掃除をやろう！」などとして始められ、使用者が特に関与していなければ労働時間とする必要はありません。

しかし会社から当番制として割り当てられている場合など、会社の管理があるなら労働時間となるでしょう。

⑥研修・勉強会・QC活動

参加が強制されていれば労働時間ですが、従業員同士が自主的に集まって行う勉強会は労働時間となりません。自主性が担保されているかどうかについては、次の要素で判断されると思われます。

・参加しないと制裁処分や評価が下がるなどの措置が行われていない

・業務との密接な関連性がない（それに参加しないと通常業務の遂行に支障が出るものではない）

・参加するかどうかは本人が自由に決められる

⑦宿直時の仮眠

おおよそ次のような要素があれば、労働時間となります。

・外出が禁止されている
・警報、機械トラブル、来訪、賊の侵入にすぐに対応しなければならない
・飲酒など嗜好的行為が禁止されている

但し、昼休憩の電話当番と同じく、実務が極めて僅少で、かつ自由に時間を使える状況であれば、労働時間とならない余地があります。

⑧出張時の移動

出張時の移動時間は、一般的に通勤に費やす時間と同じと考えられており、労働時間となりません。出張中の休日に移動をする場合も同様です。

但し、移動中にも具体的な指示を受けているとか、物品や病人の監視、運搬すること自体が移動の目的であるような場合は、労働時間となる余地があります。

⑨直行・直帰

最初に用務につく場所が直行時の業務開始時であり、最後の用務を終了したときが直帰時の業務終了時刻と解されています。

ちなみに労災保険の通勤災害も同様の見解を取っています。従って移動の最中（自宅から最初の用務先、最後の用務先から自宅）は、通常、時間の処分を自由に行えるはずであり、労働時間とはなりません。

⑩飲み会・接待・ゴルフ

一般的には労働時間となりません。但し、厚生部員が準備や幹事役を務めている場合や、会社の命令による場合は労働時間となります。また以下の場合は、労働時間性を補強する材料となり得ます。

- 会社が経費負担している
- 会社を代表して参加している
- 代休が与えられている
- 賃金や手当が支払われている

⑪待機・車の横乗り

待機については、前述の倉庫作業員の手待ち時間の例で説明しましたが、すぐに仕事に取りかからなければならない状態であれば、労働時間となります。また車の同乗者については自由に休息できそうなものですが、行政解釈では労働時間と解しています。ただ、これには議論の余地があると思います。

⑫健康診断

定期健康診断の受診にかかる時間は労働時間となりません。従って健康診断受診時間分の賃金を控除することは可能です。

但し、有機溶剤など有害化学物質を取り扱うことにより行う特殊健康診断は、労働時間になるとされていますので、これが時間外に行われた場合は割増賃金の対象となります。

⑬ヘルパーの移動・待機

介護ヘルパーが、利用者住居から次の利用者住居を移動する時間や待機、引継ぎに要する時間は、労働時間となります。

⑭飛行機・新幹線・フェリー乗船

これも出張時の移動時間と同様に考えるべきで、乗り物に乗っている時間内に特段の指示命令を受けていない限り、時間の自由利用が保障されているならば、労働時間とはなりません。

⑮自宅持ち帰り

会社が自宅で仕事をすることを黙認したり、自宅に持ち帰らないと所定時間内では処理できないような業務命令（黙示の指示）を行っていない限り、労働時間とはなりません。

⑯リモートワーク

一般的には労使で合意した「みなし時間」を所定労働時間とする場合が多いかと思います。この場合、みなした時間分のみを労働時間とします。これを超える超過労働や休日、深夜の労働は禁止し、もし発生する場合でも必ず許可制にすべきでしょう。

但し、以下の場合はみなし労働時間の対象とはできません。

・その業務が自宅で行われていない場合

・その業務に用いる情報通信機器が、使用者の指示により常時通信可能な状態に置かれている場合
・その業務が、随時使用者の具体的な指示に基づいて行われている場合

以上のように、労働時間といってもいろいろあるわけですが、賃金支払い義務が発生するのはこの労働時間についてです。仕事をしたかどうか、成果はどうだったかは関係がないのです。

厳格に管理！ タイムカードは白紙の小切手だと認識する

相変わらず長時間労働が常態化している会社があります。労基署は毎年、年度方針として、長時間労働による健康障害を防止することを基本方針に掲げており、サービス残業の摘発も枚挙にいとまがありません。

これらは、いわゆる長時間労働を抑制するためには、ただ単に「時間を減らせ」と口だけで音頭を取っても効果が薄いので、残業代とセットになれば痛みが相当伴うことから、

方便として行われている側面もあります。

そんな中、タイムカードを労働者の自主性に任せてガチャガチャと打刻させるのは、あたかも白紙の小切手を従業員に委ねているようなものだと考えています。

後になって、打刻されている出社から退社までの時間分を請求されても、会社はほとんど反証できません。つまり出るところへ出れば、打刻時間分を1分単位で支払うはめになりかねないのです。ということは、打刻時間の長さによって、残業代を自由に増やせるということになります。そのため、あたかも白紙小切手に自由に金額を記載させるようなものだと言っているのです。

本来タイムカードは出社退社の時刻でなく、始業終業の時刻を管理するものなのですが、現実的には会社へ入った時刻と会社を出た時刻で打刻されていることがほとんどではないでしょうか。

ただ始業時に、全員が業務開始時刻に押すのは無理です。これは仕方がありません。しかし終わりの時刻は退社時刻ではなく、きちんと業務終了時刻で押してもらいましょう。また無駄な残業が常態化している場合は、事業所内に「残業削減ポスター」を貼り、タイムカードのそばには、だらだら押しをしないように喚起する「張り紙」をしましょう。

どうしても会社の指示によらない残業を行う場合は、事前に「許可申請書」（次ページ）を出させて、本当に必要な残業なのかどうかを監督者が管理しましょう。

少なくとも会社が主体的に長時間残業を黙認していない社風を醸成することが肝要です。

また、特に現場作業員などは、残業しなければ給料が上がらない仕組みのため、長く働いて給料を稼ぐ習慣が体質に染み込んでいることがあります。

例えば毎日2時間残業する人に、「残業がなくても2時間分払うから、早く帰るようにしてくれ」と言うと、今まで定時で終了していなかった仕事を定時で完了させることがあります。これなどは、正に8時間で本来できる仕事を10時間でこなすリズムになっている証です。

しかし従業員の自主残業は、法律上も実はおかしなことなのです。なぜなら、労働基準法では使用者に原則として時間外労働を禁止し、就業規則や労働契約書に残業命令の根拠があり、事前に労基署へ時間外労働の限度範囲を届け出て（36協定）、初めて可能なのであり、しかもその対価には最低25％（休日は35％）の割り増しを義務づけ、刑罰も担保されているのです。

つまり、もともと使用者が手続きを踏んだ上で命ぜられるものであり、勝手残業は制度

時間外・休日・深夜勤務許可申請書

時間外・休日・深夜勤務許可申請書

部署
届出者氏名　　　　　　　　　　　　　　　　　印

下記により、時間外（休日、深夜）勤務を許可申請します。

1．該当日：令和　　年　　月　　日（　　）

2．予定時間（本人申請分）及び確定時間（上司決裁分）

	予定時間（申請分　本人記載）	確定時間（決済分　上司記載）
①残業	時　分～　時　分 （合計　時間　分）	時　分～　時　分 （合計　時間　分）
②休日	時　分～　時　分 （合計　時間　分）	時　分～　時　分 （合計　時間　分）
③深夜	時　分～　時　分 （合計　時間　分）	時　分～　時　分 （合計　時間　分）

※休日とは、週 1 回または 4 周 4 日の法定休日をいいます。
※深夜とは午後 10 時から午前 5 時までをいいます。

3．事由

4．届出が事後の場合は、その理由

会社使用欄

許　可
上記事項につき　　　　　　　する。
不許可

令和　　年　　月　　日
役　職
上司氏名　　　　　　　　　　印

※この届出は 1 日単位で所属長まで提出してください。許可がない場合は時間外手当が付きませんので、必ず事前に届け出てください。
※出来るだけ時間外労働をせず、早く帰れるようにしましょう。
※所属長は日ごとに許可・不許可を判断し、まとめて給与締切日までに本社まで提出すること。

この書式は著者のホームページよりダウンロードできます。詳しくは199ページをご覧ください。

上はあり得ません。違法残業には刑事罰があり、罰則を受けるのは会社ですが、いわばその犯罪被害者?にあたる従業員自らが被害者になりにいくようなものなのです。

以下、残業による少々怖い話を列記しておきます。

・労基署へ申告されると、2年間(2020年4月以降は3年間)に遡って差額分を支払わされる。その額が1人平均15万円だと、×人数分……

・1ヵ月80時間を超える残業が常態化していると、脳心臓疾患で倒れたとき、業務が有力な原因とみなされ、労災請求となって調査を受けるはめになる……

・前例の場合で労災だけで終わればまだしも、家族などから民事上の不法行為もしくは安全配慮義務違反を問われ、訴訟になることも。その金額は億単位もある……

・帰りが遅いと、本人とは円満でも配偶者に慢性的に不満がたまっており、転職を勧めたり、会社にクレームをつけてくる……

・労働条件が劣悪だということで、合同労組や弁護士に駆け込まれ、辛い交渉が……

残業は無原則に認めるのではなく、管理者がその必要性をチェックする仕組みが必要です(私はこれを残業の関所と呼んでいます)。少々面倒くさいのですが、その面倒さが関所としてのチェック機能となるのです。

罰則に注意！

逃れられない時間外労働の上限規制を理解する

2019年は、生産性革命を命題とする働き方改革がスタートした年となりました。中小企業では、以下のスケジュールで順次新しいルールが始まることとなり、生き残りのためにも対応が迫られることになります（施行日はいずれも中小企業の場合）。

(1)年5日の有給休暇の取得を企業に義務づけ（2019年4月施行）
(2)労働時間の客観的把握の義務づけ（2019年4月施行）
(3)フレックスタイム制の拡充（2019年4月施行）
(4)高度プロフェッショナル制度の創設（2019年4月施行）
(5)産業医・産業保健機能の強化（2019年4月施行）
(6)勤務間インターバル制度の促進（2019年4月施行　努力義務）
(7)残業時間の上限規制（2020年4月施行）
(8)不合理な待遇差の解消（2021年4月施行）
(9)月60時間超の残業の割増賃金率引上げ（2023年4月施行）

ここで取り上げるのは、(7)の残業時間の上限規制です。簡単に言うと、今まで青天井で残業をさせることができましたが、２０２０年４月からは残業に罰則つきで上限が設けられるということです。

以下で概略を説明します。

１　これまでのルールはどうだったか

そもそも労働基準法においては、従来から原則として、時間外労働を罰則つきで禁止しています。

よく、今回の改正が罰則つきとして説明されますが、もともと残業は禁止されており、これに反すると罰則（6ヵ月以下の懲役または30万円以下の罰金）があるのです。但しこの罰則が、いわゆる３６協定を締結することで、刑事免責される効果があります。

そしてこの３６協定に記載できる残業時間が、今までは無制限に記載することが可能だったわけです（ただ限度基準が示されていたので、この基準の範囲内で記載するよう行政指導は行われていました）。

2　2020年4月以降はどうなるのか

まず残業時間の上限は、原則として月45時間・年360時間（1年変形制の場合は月42時間・年320時間）になります。月45時間とは、おおよそ1日当たり2時間程度の残業に相当します。

そして、臨時的な特別の事情があって年6回まで特別条項を使う場合でも、以下を超えることは不可です。

・年720時間以内
・複数月平均80時間以内（休日労働を含む）
・月100時間未満（休日労働を含む）

月80時間とは、おおよそ1日当たり4時間程度の残業に相当します。

これが概略ですが、ただこの理屈は非常に複雑で、これを個人ごとに管理するには、よっぽど高価な勤怠管理システムを導入しない限り、現実的には不可能です。

従って、中小企業で残業させることができるリミットとしては、以下のように考えるべきです。

1カ月42時間が6回まで（1日2時間以内）及び、
1カ月78時間が6回まで（1日4時間以内）
（42時間×6回）＋（78時間×6回）＝年間上限720時間

つまり年6回は毎月42時間がリミットで、あとの年6回は毎月78時間をリミットとして管理します。

ところで、当面はこの数字を意識して管理するとしても、2023年4月からは60時間超の残業代の割増率が25％から倍の50％に跳ね上がります。

しかも現在、賃金の請求時効を2年から5年に延ばすことが検討されています（2020年4月からは暫定的に3年)。そうすると、60時間超の残業代コストはかなり上昇し、不払い額がある場合は莫大な額に膨らむリスクも高くなります。

そのように考えると、前記の78時間は60時間と読み替えて、今から管理していったほうがよいと考えています。

結論として、中小企業が目指す労働時間管理は、以下になると考えます。

月42時間を6回まで、月60時間を6回まで（年間では612時間）。
（注）自動車運転の業務、医師、建設事業は5年間の猶予措置があります。

万全を尽くす！ 未払い残業代請求問題の対策はしっかり考える

「消費者金融業者から過払い金を取り戻しませんか？」

こうした広告を皆さんも電車の車内広告やテレビのＣＭなどで何度かご覧になったことがあると思います。弁護士や司法書士が出している広告です。

そして、労務の分野でこうした宣伝広告に利用されやすいのが、未払い残業代についてです。残業代に関しては、ほとんどの企業が何らかの問題を抱えているのが現実で、１００％きちっと法定通りにできているところは非常に少なく、どの企業であっても、いわば叩けば埃が出るものです。

そこで、この問題に対する対応策を考えてみたいと思います。この問題を考えるとき、次の3つのアプローチで検討することが可能です。

・労働時間（管理）からのアプローチ
・賃金の支払い方からのアプローチ
・その他のアプローチ

このうち、「労働時間（管理）からのアプローチ」については、本書では割愛し、「賃金の支払い方からのアプローチ」と「その他のアプローチ」に絞って解説します。まず賃金の支払い方のアプローチから検討します。

1　賃金の支払い方からのアプローチ

ここの対策として、4つのパターンを挙げておきます。

①定額手当方式の固定残業代

［ポイント］ 定額手当が時間外労働の対価であることを就業規則及び雇用契約書で明記し、当該手当名と同じ名称で給与明細に載せる。

【例】1ヵ月平均所定労働時間170時間で、基本給30万円、固定残業代として営業手当10万円を支給する場合

雇用契約書記載例

基本給30万円　営業手当10万円
※営業手当はその全額を45時間分の定額の時間外手当として支給する。
※45時間の時間外労働を義務づけるものではなく、時間外労働は45時間以内に収まるようにしなければならない。
※万が一、45時間を超える場合は、所属長の許可を得なければならない。これにより45時間を超過した場合は差額を清算支給する。

そして賃金規程にも前記の営業手当の説明文と同じ文言を条文として入れておきます。

②法内残業または通常の業務以外の別単価制

すべての労働時間に対して、通常の1時間あたりの単価で支払う必要はありません。例えば、「1日7時間の会社の場合の8時間までの1時間」や「労働密度が非常に薄い仮眠

や手待ち時間」、あるいは「債務の本旨以外のことに従事する時間」は、最低賃金を下回らない限り、合意のもとで自由に単価を設定できます。

つまり残業代を計算する通常の1時間あたりの単価が1000円（割増単価で1250円）だったとしても、前記のような時間帯には900円で支払うことも可能ということです。この場合も雇用契約書と賃金規程にその旨を明記しておきます。

雇用契約書記載例

月給25万円
※残業時は通常の労働時間単価の25％増（1838円）にて支払う。但し17時から18時の労働（法内残業）については、一律1000円とする。

③法内残業を所定賃金の中に含める契約

1日7時間の会社の場合、8時間までの1時間分について、あらかじめ月額の中に含む契約自体は有効です。この場合も労働契約上の根拠が必要ですから、雇用契約書や賃金規程に明記しておきます。

雇用契約書記載例

時間：9時00分から17時00分（実働7時間）
※但し月極め給与は1日7時間の所定労働時間にこだわらず、1日8時間分の対価として支給する。

④法定労働時間を超える支払契約

実際に働く時間を法定労働時間を超えて契約することは無効となりますが、理論上は所定賃金の中に法定労働時間を超える分をあらかじめ含ませる合意は有効と解されます。例えば、月給30万円の対象時間を1ヵ月法定173時間分ではなく、200時間分とするような合意です。

この場合は30万円中にあらかじめ200時間分が含まれているということであり、200マイナス173の27時間分の労働が実際に発生すれば、割増は0・25だけつければよく、200時間を超えた分から1・25を付加すればよいことになります。

考え方は前記③と似ており、最初から一定の超過労働がある前提で月給を決めているところにはこのようなやり方も考えられます。但し173時間分の1時間単価が最低賃金を下回ることはできません。

⑤歩合給の比率を多くする

固定給を低く抑え、売上が低いときは最低保障給を平均賃金程度で保障して、歩合の比率を高めます。出来高給部分は、定額賃金と違い、1時間単価計算式が非常に安くなるので、実際の時間に比例して残業代をつけても、たいした額にならないのです。

【例】基本給18万円、出来高15万円の計33万円の場合で、所定173時間、時間外70時間の場合
基本給18万円に対する残業代9万1041円（18万円÷173×1・25×70H）
歩合15万円に対する残業代1万0803円（15万円÷243H×0・25×70H）
合計時間外手当　10万1844円
（ちなみに33万円がすべて固定額だと、それに対する残業代は16万6908円で、同じ時間でも6万5064円の差額が出ます）

⑥賞与で調整する

要領が悪いなど非効率な仕事ぶりから残業が増えるのは、経営者として頭の痛い問題です。ただ、実際に残業があるのに残業代をつけない訳にはいかないので、とりあえずはつけます。しかし賞与を利用して、年収ベースでは、いわゆる無駄な残業分を賞与から控除できる仕組みにしておきます。会社が命じる残業と必要不可欠な残業を除いて、残業をすればするほど賞与が下がる仕組みをつくっておくのです。

例えば、仕事の遅いA君の月給が25万円で2ヵ月分の賞与を想定して仮定年収を350万円とした場合、残業すれば50万円分の賞与がどんどん減っていくような仕組みです。

2 その他のアプローチ

その他としては、次のようなものが考えられます。

①管理監督者の適正な運用

いわゆる管理監督者には深夜業を除いて、残業や休日、休憩は適用されません。ただ管理職=管理監督者ではなく、適切な運用をした場合のみ除外されます。適切な運用とは、次のようになります。

・経営者と一体的な立場にあること（一定の経営への参画や人事権の付与など）
・業務内容が一般社員しかやらない仕事内容でないこと
・役職手当、基本給、賞与査定などにおいて、それ相応の待遇が与えられていること
（私見では直近下位の者が時間外労働を行っても逆転しないだけの給与水準を確保する必要があると考えます）
・労働時間が一般社員と同様に厳格に規制管理されていないこと
（多少の欠勤、遅刻早退で減給しない）

つまりこの4要素をクリアするのであれば、思い切って権限と裁量を与えて処遇すれば、残業問題は発生しません。

②清算条項の入った退職届

これは、退職届を出してもらうときに、清算条項が入った書式で自ら記載してもらうようにするものです。

例えば、「なお、貴社を退職するにあたり、労働契約上、一切の債権債務がないことを

確認します」というような文言を末尾に添えます。司法上は実態判断になるとはいえ、一定の抑止効果は期待できます。

③短時間アルバイトで対応する

夕方以降の業務については、可能なものから学生・フリーターなどの短時間アルバイトに切り替えます。場合によっては時給1500円で雇っても、正社員の残業単価よりは安くなります。

④請負制にする

職種によっては請負制（フリーランス）にして外注費で計上します。労働者ではないので法定福利費や残業代自体が発生しません。ただ実態が労働者と変わらない場合は否認されてしまいますし、トラブルの元にもなりますので、請負の基準を満たすように運用面で気をつける必要があります。

請負の基準とは、仕事の諾否の自由があるか、指揮監督の度合い、時間的場所的拘束性、代替要員や独自商号の自由、必要経費の自己負担などのことです。

⑤人事評価（賃金）制度の見直し

前述したように、製造業や倉庫業などに多い傾向ですが、もともと従業員自身に残業を好む体質が見られることがあります。理由は簡単で、残業しなければ給料が上がらないからです。

営業職などは自分の頑張り次第で成績を上げ、歩合や報奨金という形で給料アップさせる道がありますが、自己裁量のない製造工などは、残業するしかありません。従って時間軸以外に給料が上がる評価軸を構築していく必要があります。

⑥経営者の意識改革

特に中小オーナー社長に見られる傾向ですが、長く働いてくれることを美徳として捉えていることがあります。確かに遅くまでやっていると、頑張っているように見えるのかもしれませんが、社長のその感覚がだらだら残業を容認する社風につながります。

8時間で100個つくるよりも、7時間で100個つくってくれるほうが当然よいわけで、工程管理を改めて、体質強化を図るべきです。

⑦概念を改める

朝礼、ミーティング、社内報、ポスターなどによって、「残業は悪である」という社風をつくっていきます。人の行動を暗黙に規律していくのは、社風によるところが大きいものです。

本来残業は、会社の命令があって初めて発生するものであって、自由残業は認めず、本人にもともと早く帰ろうという意思がないとか、長くいることが善であるとか、他の人の手前帰りにくいとかといった雰囲気を払拭していくことが大切です。

そのためには、経営者が繰り返し「残業はダメ」と言い続けることです。

ここは根負けせず、「あの社長、また言っているよ」くらいに、しつこく言わないとなかなか直りません。

感覚を統一！ 固定残業代の社長と社員のギャップを埋める

いわゆるサービス残業代に関するトラブルにはさまざまな原因がありますが、その一つに「社長時間」と「社員時間」がそもそも最初から違うということがあって、その誤解があるままに雇用しているという事実があるのです。
例えばこういうことです。

社長の感覚　「ウチの会社では1日2時間くらいの残業は当たり前。最低でも月20時間は働いてくれないと、仕事が回らない。給料28万円はそれらを含んでいる」

社員の感覚　「ウチの会社は1日8時間労働の会社。それを超えるとすべて残業で、28万円とは別に、残業代がもらえる」

こういう意識の場合、出るところへ出て紛争になれば、分は社員にあります。でも社長のその感覚も、わからないでもありません。では、この意識ギャップを埋めるにはどうすればいいでしょうか?
もし、社長が給与設定する頭の中に最初から一定の残業が前提となっているなら、給与をその感覚に合わせて支給しましょう。
具体的にはこうです。

前提条件

月平均170時間の会社

月30時間の残業込みで給与総額を28万円で支給したい

計算式

まず28万円のうち、30時間分の残業代がいくらかを計算します。

①30時間×1・25＝37・5時間

②28万円÷（170時間＋37・5時間）＝1349・39円

（この単価が正社員として適正か検討を要します）

③1349・39×170時間＝22万9397円

④1349・39×1・25×30時間＝5万603円

③＋④＝28万円

どうですか？　理解してもらえたでしょうか？

つまりこの場合、以下のようになります。

Ａ　基本給22万９３９７円　定額時間外手当（30時間分）５万６０３円　合計28万円
Ｂ　基本給28万円（基本部分22万９３９７円　定額時間外30時間分５万６０３円）

こうした内容を雇用契約時、または給与改定時にきちんと説明した上で雇用契約書を交わします。

こうすることで、社長が「28万円には残業も入っている！」とする感覚に近づけることができます。

さらに、30時間まではサービス残業代の問題も発生しません。そして実際の残業が30時間に満たないケースでも減額はしません。

ただ固定残業を入れる場合、次の運用10か条がポイントとなります。ここはぜひ注意してください。

運用10か条

(1)定額残業代を除いた部分が最低賃金法に触れない
(2)設定時間数に無理がない（できれば36協定限度内）
(3)設定時間分の時間外労働をさせる義務を伴わない
(4)定額時間外手当と実際の残業代との比較が可能である
(5)実残業時間が設定時間分を超過するときは差額を清算支給する
(6)設定時間分の残業に実残業が満たなくても減額しない
(7)労働契約上（雇用契約書、賃金規程への記載）の根拠が必要
(8)実際の残業の計算式の分子に当該手当が入っていない
(9)雇用契約書（賃金規程）の名称と給与明細の名称とが合致している
(10)従業員に1人1人きちんと説明する（できれば個別同意をもらう）

2 有給休暇

有給休暇もよくご相談いただくテーマです。働き方改革関連法では、中小企業にも猶予期間なく2019年4月から法改正が行われており、待ったなしのテーマとなっています。ここでは経営者として有給休暇にどう向き合うか、どのようにして法をクリアしていくかを解説します。

線引きが大事！

社長にとって悩ましい有給休暇はこう考える

就業規則をおつくりすると、多くの事業主の方が眉をひそめる条項があります。それは年次有給休暇です。また就業規則を従業員に開示すると、一番関心を持って見ているところは休暇に関する条項です。

休暇に関する事項は絶対的必要記載事項のため、触れないわけにはいかないもので、これは多くの企業に見られる一般的な傾向です。この相反する感覚をどこで整合すればいいのでしょうか？

私は経営者側に立つ社労士として活動していますが、この有給休暇に関しては中小企業でも認めていかなければならないという立場を取っています（注：2019年4月より5日付与義務が発生していますが、この件に関しては後述します）。

なぜなら、そのほうが結果的に企業にとってもプラスになると思うからです。その理由は2つあります。1つはトラブル防止のため、もう1つは労務管理の戦略上の理由です。

1　トラブル防止のため

近年、個別労使紛争が多発しています。統計上も明らかで、実際、私のクライアントでも従業員からの労基署への申告、裁判所への訴え、合同労組への加入などが見られます。

この原因はいろいろ考えられますが、最も有力な一因はインターネットの普及にあると考えています。例えばほんの15年前までは、労働基準法を知ろうと思ったら、書店へ行って解説書を購入するか、図書館で調べるくらいしか術がありませんでした。つまり従業員は知らなかったのです。

ところがインターネットの普及により、誰でも無料で大量の情報を得ることが可能になりました。つまり、今までは一部の人しか持たなかった〝答え〟が、川上から川下へ広がるように拡大していったのです。

その結果、従業員は自分たちの権利に確信を持つようになり、残業代や解雇などで自由に権利を主張するようになってきています。

もはやこの流れは止めようもなく、中小企業だからといって許容される範囲は確実に狭まっており、事業主が考え方を根本的に改めないと、意識の差は拡大するばかりです。

その衝突が有給休暇でも見られます。普段、文句が出ないから問題がないと合点するのは誤解です。往々にして従業員のほうは潜在的に不満を持っていて、ただ顕在化していないだけというケースが相当数あるように思います。

例えば、毎月給与明細書を見て「残業代がついていないなあ」「有給の欄があるのに日数が書いていないなあ」などと継続的に思っているのです。それが何かのきっかけで爆発することで、深刻なトラブルとなります。事業主としては「何で今になってそんなこと言うの？」と、戸惑うことが少なくありません。

だからこそ、有給休暇を認めていくことは大事なことなのです。

2 労務管理を戦略的に

トラブルの火種を抱えたまま経営するより、それなら一層のこと、認めるものはあっさり認めてしまって、その代わりきちんと従業員としての権利と義務に線を引いて労務管理したほうが、むしろ事業主にとっても堂々と労働力の受領を得られると思うのです。

つまり、「こちらもやることはやっているのだから、そちらもやることはやってくれ」というメッセージを伝えやすくなるのではないかということです。

人間の心理として、わずか1円でも損をしたと思えば不満が残り、納得すれば高価なものでも対価を払うというところがあります。

事業主としてやることはやって、その労働対価を正当に求めるほうが、はるかに御しやすいと思うのです。

また有給休暇が普通に取れる会社というだけで、第1章の求人広告のところで述べたように、相対的に募集で有利となります。特別良い待遇の労働条件を用意しなくても、求人で優位に勝負できるのです。

ただそんなことを言っても、「みんなが我も我もと請求してきたらどうするんだ！」との反論を持つ方もおられるでしょう。しかし、それは組織風土の問題です。一部に濫用する従業員も出るかもしれませんが、我も我もとなるのは、社風に問題があると考えたほうがよいでしょう。

行政の目を気にしたコンプライアンス（法令順守）ではなく、経営を向上させるために、労務管理上必要なコンプライアンスと認識したいものです。

稼働日を守る！

有給休暇5日付与にはいろいろな対策がある

「働き方改革関連法」により、2019年4月1日以降、有給休暇を5日は必ず付与しなければならなくなりました。厳密には以下の方が対象となります。

- 4月1日以降に、年10日以上の有給休暇が発生している（週30時間以上で、6カ月以上の継続勤務がある）
- 4月1日以降に、有給休暇の基準日（更新日）を迎えているこれらは罰則つきの法律であり、従業員から請求がなくとも、会社から有給休暇を取得させなければならない義務となったのです。

個別に日を指定して、5日取得させることもできますが、一定規模以上の会社であれば、計画的付与にせざるを得ないでしょう。計画的付与とは、簡単に言えば年間休日カレンダーの中に、部署別、班別などで分けたグループごとに、あらかじめ有給休暇を盛り込むやり方です。

一番真っ当な与え方は、現在の年間休日＋5日の有給休暇とすることですが、昨今の人手不足の折、ただでさえカツカツの人員でこなしているといった場合、稼働日数が減ると経営上大きな負の影響が出るという企業はどのようにしたらよいのでしょうか？

いくつかの対策を考えたいと思います。

①休日増加コース（王道コース）

まずは、王道コースを検討すべきでしょう。先述の通り、現在の年間休日＋5日の有給休暇ということで、一番オーソドックスなやり方であり、従業員の納得も得られます。

②休日減少コース（有給5日増との差し引き折半コース）

現行の年間休日を5日減らし、その代わり有給休暇を5日多めに付与するやり方です。週40時間を達成するために必要な最低休日数が5日以上、上回って確保できている企業はこの対策が取れます。例えば1日8時間の会社は年間105日以上の休日が必要ですが、110日以上あるような場合です。

①の王道コースのように、稼働日数が5日減ると、直ちに業務に支障が出る場合は、この方法を検討することになります。こうした支障は会社からの事情だけでなく、従業員側にも当てはまることがあります。つまり、ぎりぎりの人数で日々の業務を何とか回している従業員からすると、5日も休むと仕事が滞って、かえって迷惑というような場合です。

こういったケースでは、〝余分に〟付与している休日を労働日とし、そこに有給休暇を充てます。例えば通常の企業は、お盆や年末年始において、カレンダー上は平日である日を休日としていますが、これらの日を労働日とし、ここを有給休暇で代用させます。

仮に2020年のカレンダーによると、12月29、30、31日は平日ですが、通常は休日にしているはずです。ここに有給休暇を充てれば3日は確保できることになります。

そしてこのように本来休日である日を有給休暇に振り替える5日分を、従来の有給日数にプラスして有給休暇として与えるわけです。

例えば10日持っている人なら、15日とし、そのうち5日を年末年始とか、お盆に割り当てるものです。こうすることで、年間の稼働日は今まで通り確保でき、しかも従業員に不利益を与えることはありません。

③休日減少コース（仕方なしコース）

考え方は前記②とほとんど同じで、従来休日にしていた日に5日の有給休暇を割り当てるものですが、違うところは、有給日数を5日増としないことです。年間稼働日数は確保できるのですが、従業員から見ると年間休日数が減少するという不利益変更にあたり、合意を得るか、少なくとも納得してもらう必要があります。

④トリッキーコース

週40時間を達成するために必要な最低休日数がギリギリの場合で、稼働日数が減ると業務が回らない場合にこの対策を考えます。

結論から言うと、1日の所定労働時間を少し減らします。それにより法的に最低必要な年間休日数も減ることとなり、その減った休日分を有給休暇で代用します。具体的には以下の通りです。

【現在】1日の時間	必要年間休日		【変更後】1日の時間	必要年間休日（5日減）
8時間	105日	↓	7時間51分	100日＋5日年休＝合計105日
7時間45分	96日	↓	7時間36分	91日＋5日年休＝合計96日
7時間30分	87日	↓	7時間21分	82日＋5日年休＝合計87日

よく見ていただいておわかりのように、年間で社員が必ず休む日数は、現在と変更後で変わりません。週40時間制もクリアしています。そして給与ですが、今まで通り出します。理屈的には8時間の会社の場合、7時間51分になりますが、給与は9分分減らすことなく、元の8時間分として維持するということです。

実質的な不利益はほとんどないため、受け入れられやすいのではないかと考えています。

⑤半日有給活用コース（少し無茶？コース）

これは稼働日数を減らすことはもとより、現状の勤務シフトを変更するのはほとんど不可能であるという極めて厳しい状況の場合に検討します。

今回の5日強制付与につき、労働局から行政通達が出ていますが、この5日という考え方に半日有給を組み込んでも構わないとの解釈が出ています。つまり極論すると、0・5日を10日消化させることも可能ということです。そうすると、半日はどうしても休みになりますが、1日穴が開くという事態は回避できます。さらにその日に、4時間残業してもらえば、実質8時間労働が確保されることとなります。

4時間分の追加支給は必要となりますが、25％の割り増しは必要ありません。休暇を取るという、本来の趣旨を没却することになるため、なるべく最終手段とするべきです。

3 人事考課

ここでは小規模企業の人事考課の考え方をお伝えします。ポイントは2つあります。1つは、社長の主観で構わないこと、もう1つは、個人ごとバラバラの考課でも構わないということです。そして査定のためではなく、教育指導のために活用するのも重要なポイントになります。

客観性は不要！中小企業の人事考課は社長の主観で決める

私が今までに拝見してきた中小企業の賃金決定方法を見ていると、一つの法則がありま す。それは体系化されてはいないけれども、実に合理的な決定方法です。

結論から申し上げると、「社長が主観で評価する」ということです。一体どういうことでしょうか？

このことを考察する前に、概ね中小企業の現状がどのようになっているかをまず述べましょう。

中小企業、特にたたき上げのオーナー企業の社長さんは、良い意味で皆さん〝頑固者〟です。「仕事＝人生」という方が多く、朝晩休み関係なく仕事に対する基礎体力があり、基本的に楽観主義者です。いろんなものと日々戦ってきた戦歴が、何とも言えないカリスマやオーラをつくり上げ、土壇場になれば黒いものでも「白い！」と言い切れる強さを持っています。

社長を超える人材はまず登場することはなく、「社長＝社風」となっています。そういう社長が下す評価はシステムがないため、すべて主観で行われています。社長の頭の中でいい人材は昇給するし、賞与分配率も高くなります。一見、非科学的なようですが、これでいいのです。

主観で結構です。社長が「こいつは高く買いたい」「この人に辞められては困る」という人材には、その思いを素直に表現すればいいのです。もしＡＢＣの3段階評価だとすれば、まず感じるままにＡならＡと決めればいいのです。どこかから借りてきた評価シートの結果で計るのではなく、社長の感じがまず先にありきです。

しかし、感じた結果を他人に説明できる理論武装は整えてください。

「なぜ社長はこの人をAと判断し、この人はBなのですか？」と質問されたとします。そこには、必ずそう感じた原因があるはずです。

「他の人にも真似してほしい○○な行動があった」「××なものの考え方が評価できる」「具体的に△△な結果を残した」などなど、きっとあるはずです。それを蓄積して公開し、会社の評価軸にすればよいのではないでしょうか。

他の会社では評価されないかもしれません。でも、その会社で最終的に全責任を負う社長がそのように判断したのなら、それがその会社では評価される理由（モノサシ）になるのです。

合っているとか間違っているとかの問題ではありません。「まず評価ありきで、説明できる理由を後からつける」というのが中小（オーナー）企業に合った評価制度の大原則だと思います。

誰でもできる！ 中小企業の評価制度はこれで簡単につくれる

人事制度の中で最も難しいのは、従業員を適性に評価することです。どうすれば納得性のある評価ができるのか、お悩みの経営者の方も多いことかと思います。これがストンと腹に落ちれば、人事制度は8割方達成されたようなものです。そこで今回は誰にでもできる、拍子抜けするほど簡単な評価制度のつくり方を考えてみたいと思います。

まず初めに、人事考課は何のためにするのでしょうか？　結論から申し上げると、経営を向上させるためです。これがなければ、やる意味がありません。さらに突っ込んで申し上げると、人事考課とは「社長の意思の伝達とその確認作業」なのです。

つまり従業員に対して、「これだけの業績を上げてほしい」とか、「このような能力を身につけてほしい」など、経営者の〝思い〟を従業員にメッセージとして伝え、それが一定期間の間に従業員に伝わったかを確認する行為なのです。

そしてこのメッセージが上手く伝わっていれば、業績の向上に寄与するはずで、そうあるべきです。ただ単に従業員に序列をつけて、賃金を配分するための道具ではないのです。

果たして経営者は、このメッセージを評価制度できちんと伝えているでしょうか？

では、技術的にどのようにして、評価制度をつくればいいのでしょうか？

これも結論から申しましょう。前述したように、経営者の主観を大切にしてください。人事考課に客観性や科学性を持たせるのは後回しです。あなたが良いと思った人を評価し、ダメと感じた人は低く処遇するという、当たり前の〝感じ〟から出発しましょう。具体的には、次の5つのポイントを押さえて行います。

1　社員を4段階に区分する

まず何も考えずに、直感で従業員を4段階に区分してください。その区切りは、例えば以下のような簡単な区分で構いません。

(1)社長の片腕
(2)さすがのベテラン
(3)自分のことは一人前
(4)まだまだ半人前

これを紙に書いて見えるようにしてください。感じるまま、つまり主観で結構です。

そのようにして区分した後、(1)の「社長の片腕」に区分された従業員はなぜそのように感じたのか、個々の従業員ごとにその理由を箇条書きで書き出してください。

(1)の対象者がいなければ、(2)で考えてください。今度は(4)の「まだまだ半人前」と感じた従業員は、なぜそのように感じたのかを同じように書き出してください。このようにしてみて、高く感じた人にはどのような理由が出てきたでしょうか？　また低く感じた人はどうだったでしょうか？

そこで出てきた行動や思考方法、技術、勤務態度が取りも直さず貴社の評価軸なのです。他の会社では評価の対象にならないかもしれませんが、貴社では高く評価される項目であり、低く評価される項目なのです。これを明らかにして、従業員に開示できれば、社長のメッセージは見える化されたものになるのではないでしょうか？

2　課題は人によりバラバラでよい

社長が全従業員を把握できる規模の企業であれば、細かな職能要件書や賃金テーブルを作成する必要はありませんし、専門家が用意した評価シートをそのまま運用する必要もありません。

従業員規模が大きくなり、全社員の状況を社長が把握できない環境であれば、画一的な基準をつくる必要がありますが、小規模企業に画一的な基準を当てはめて運用するのは、考課（課題を考えること）の意味がありません。1人1人の役割は異なります。

極論すると、1人1人異なる内容を記入した人事考課表で構わないのです。むしろ金太郎飴式評価ではなく、個別に違う課題を与えたほうが各人に対する社長の〝思い〟が伝わります。

3　A3用紙1枚以内に収める

よく「昇給用」「昇格用」「ボーナス用」と分かれていたり、等級または役職ごとに細かく分けて何枚も作成されていることがありますが、小規模企業ではA3用紙1枚にまとめます。また評価項目にウエイトを乗ずる必要もありません。難しいだけです。各評価項目を社長の直感で査定すればOKです（142〜143ページのサンプル参照）。

この査定ですが、少しコツがあって、SABCDよりも、10、9、8、7、6……と10段階評価のほうが階差を感覚的に把握しやすく、馴染みやすいと思います。またシンプルを旨としながらも、できれば3段階、5段階よりも10段階程度の階差があったほうが運用しやすい傾向があります。

実際に評価をしてみると、5マイナスとか4プラスとかいった、境界線の感覚がどうしても出てくるからです。多すぎるのもダメですが、7段階から10段階くらいが望ましいでしょう。

4 最低でも毎月1回行う

これはシンプルという概念から少し逆行するかもしれませんが、多くの企業で行われている半年ごと、または1年1回の人事考課では役に立ちません。

そもそも人事考課は何のために行うのでしょうか？ この何のためにという視点は非常に大切で、いわば目的が何かということになります。前述のように、人事考課とは、社長の〝思い〟を伝え、それを従業員が実践してくれているかを確認する作業です。それにより経営が向上しないと意味がありません。

ただ小規模企業の社長は忙しいのです。労務管理のことだけを考えて経営するのではなく、社長自らが開発や営業、財務など多方面の経営課題を克服していかなければならず、かと言って大手のように担当役員を置けない状況下では、社長自身が人事部長も兼務しな

～令和　年　月まで

氏名						部署		役職
年齢　歳						勤続年数　年		ステージ
毎月自己点検						最終自己評価	社長評価	左項目に対する自分で考える対策や行動（書ききれないときは別紙）
10	11	12	1	2	3			

社長が主観で最終的に判断

社長の与えた指示に対して、各人で対応策を考えてもらう

毎月、簡単に自己チェックして、社長に提出

社長評価欄の総合平均値

最終評価
ここは7から1を記入

本人印	社長印	最終評価

毎月自己点検
◎　優良　最高
○　良
△　可　普通
×　不可　努力
―　全く不可、機会なし

株式会社●●製作所

評価シートサンプル

毎月　会社と社員の確認シート　　令和　年　月から

※このシートは毎月月初に自己点検して、社長へ提出すること

評価項目	視点	例えばこんなこと
技術評価	①機械を最低2台以上、操作	KC−01機とLP−2000機を両方使いこなせるようになる
	②生産効率を上げること	現在1概ね1時間残業してこなしている月産量を、所定時間の18時までに質を落とさずに仕上げる
知識評価	①××に関する知識を習得	××社　山田太郎著「■■の知識」の読破
	②	
自己目標	①	
執務態度と行動	①健康状態を維持している ②上司からの指示・命令・指摘には率直に行動している ③皆と上手く人間関係が構築を構築している ④会社の方針やルールを守っている ⑤報告、連絡、相談を的確に行っている ⑥社内及び社外できちっと挨拶ができ、社会人としてマナーを保持している ⑦ ⑧ ⑨ ⑩	

評価項目は余り多く設定しない。「キャリアプラン表」と連動させながら、個人ごとに設定。

できれば全部を社長から指示するのではなく、ひとつは自分で自己目標を設定させる

良好な社風のために、社長が望ましいと考える執務態度を伝える

10段階でも可

最終評価ガイドライン

7 これ以上求めるものは無い、現状維持で充分。
6 素晴らしいレベルです。ほぼ完璧。
5 満足できるレベルです。さらに上を目指す余地あり。
4 おおむね満足。しかし足りない部分がまだまだあるので更に努力。
3 かなり足りない部分がある。次回の重点目標にすべきもの。
2 評価できない。このまま続くと職務向上意欲無し。
1 問題外。減額対象。

社長からのメッセージ（講評）

ければなりません。

従業員に対して「こうしてほしい」「こうなってほしい」と人事考課票でメッセージを送ったはずが、半年や1年サイクルではついつい忘れてしまいます。

メッセージを送った社長自身が忘れるのですから、従業員はなおさらです。ですから、毎月、従業員が自ら読み返して自己評価し、社長に提出するような仕組みが望ましいと考えています。

そして社長も読み返して、従業員の自己評価を確認する。それに一言添えて返します。時間は取りません。毎月時間を要すると億劫になってしまいます。時間をじっくり取るのは半年ごとでも結構です。

そのときには1人最低でも30分以上の面談時間を設けます。とにかく、毎月労使双方が、改めて思い出すイベント（仕掛け）が必要です。

5 人事考課をやってはいけないケースもある

基本的には経営に対する社長の〝思い〟を実現するために、小規模企業でも人事考課は行うべきです。

しかし一つだけ、やってはいけないケースがあります。それはやや抽象的ですが、社長と従業員間に「最低限の信頼関係」と、「社長のすごさ」がない場合です。これがないままにカッコつけてやろうとすると、まず上手くいきません。それどころか返って毒薬になる可能性すらあります。

「最低限の信頼関係」と「社長のすごさ」については、ここでの本旨ではありませんので、詳述しませんが、要するに「最低限の信頼関係」とは「あんたに言われたくない！」というような関係となっていないか、「社長のすごさ」とは「あの人が言うなら仕方がない」と思わすことができるか、というような感じです。

ぜひ気をつけてほしいところです。

曖昧は禁物！ 役職手当は特別な責任と役割への対価である

世の多くの企業に役職手当なるものがあります。私のように人様の給与台帳ばかり見ている者の実感として、非常によく登場する手当です。課長とか主任とか、工場長とかマネジャーとか、役職名は会社ごとにいろいろありますが、とにかくそういう役職者についている手当なのです。

しかし、実にこの意味が曖昧で怪しいと感じています。せっかく事業主が出しているお金が、死に金になっているように思えてならないことが多いのです。

ズバリ結論から申しますと、役職手当とは「一般の社員にはない特別な責任と役割を与えられた人に対して、その責任と役割に応じて支給されるもの」と定義することができると思います。

「長くいるから課長さん」ではないはずです。また役職手当は生活給の足しでもありません。あくまでも特別な責任と役割に対するオプションです。

このことを解説する前に、まず賃金というものの構成がどうなっているかを今一度考えてみましょう。

多くの企業は「基本給＋諸手当」という構成になっていますが、この意味は累積賃金と時価賃金ということです。

累積賃金とは主に基本給のことを指し、その従業員の生活を支える基本となるもので、その会社における時間軸や経験に比例させます。つまり「今までこの会社にどれだけ貢献してきたか」という時間的な概念と「年相応に生活できる賃金を保障する」という性格のものです。

これに対して役職手当などの手当は時価賃金です。つまり今までどうだったかはあまり関係なく、その人の今現在の価値に対して支給されるものです。これは現在の価値が変われば、増えたり減ったり、なくなったりするもので、いわば基本給のような積立の既得権はなく、毎年洗い替えされるべきものです。

これを役職手当に限定して考えると、その年その年に与えられる特別のミッション（使命）に対して、その責任と役割を果たしたかを検証すべきもので、もしそうでなければ時価ではありません。

特別の責任と役割というものは、企業によって違うわけですが、例えば「自分の仕事以外に人材を育てる仕事」とか、「自分の成績よりも会社の数字を管理する仕事」であったり、あるいはより具体的に「生産コストを○％削減せよ」とか、「○○君に××ができるように指導せよ」などと指令することになります。そして、その役割に対して一定の裁量を与え、責任を取らせるのです。

役職手当は、その責任と役割に対するお金です。ただ漫然と生活給の足しに支給されるものではないはずです。

そうだとすれば、多くの中小企業の経営者は、もっと役職手当に込めるメッセージを明確に伝えるべきです。

ただ何となく払っているとすれば、もったいないことです。

自分の仕事以外に、会社のために何をやってほしいのかをきちんと伝えましょう。役職手当はそれに対する手当であることを役職者に認識してもらいましょう。そして1年ごとにそのメッセージが履行されたかどうかを確認し合い、時価賃金に合っているかどうかを検証しましょう。役職は既得権ではないのですから。

そのための「役職者任命辞令」を次ページに載せておきます。

誰をどの役職に就け、それをどのように評価するかは経営者の専権事項である人事権の一つです。せっかく払っている役職手当をもっと生きたお金にしたいものです。

ただそのためには、部下が残業しても逆転しないだけの、厚みのある金額設定をする必要があります。

課長になって残業がつかなくて、残業手当のつく係長より給与が減るのは本末転倒ですから気をつけたいところです。

役職者任命辞令

役職者任命辞令

＿＿＿＿＿＿＿＿＿＿殿

貴方を令和　　年　　月　　日付けをもって、

課長　職に任じます。

【ミッション】
課長職として従来の業務に加えて、以下の役割を命じます。
1．所属部下の業務効率を改善し、時間外労働を前年対比５０％削減すること。
2．○○さんを主任職にするべく重点的に指導教育し、あなたの知識技術を伝承すること。
3．・・・・・・

【待遇】
役職手当（課長手当）として金５０，０００円を令和　　年　　月分給与より、
支給します。

■役職は既得権ではありません。期待成果の検証は１年後の令和　　年　　月に行い、その時点で昇降格を含めて、次期の処遇を再検討します。

■役職手当は生計費ではありません。上記ミッションの通り、特別な責任と役割に対して支給されるものです。

■上記ミッションの範囲で、社長の権限の一部を委嘱します。今後の活躍に期待にしておりますので、期待に反しないよう頑張ってください。

令和　　年　　月　　日

株式会社

代表取締役

上記趣旨を理解し、職務を遂行します。
令和　　年　　月　　日　　　氏名　　　　　　　　　　　　㊞

この書式は著者のホームページよりダウンロードできます。詳しくは199ページをご覧ください。

4 管理全般（こころの労務管理）

労務管理は人の感情で動いています。極論すると、法を守ること、制度を整えること以上に重要な要素かもしれません。これが担保されないと、結局どんな施策を打っても斜に構えられ、暖簾に腕押し状態になってしまうからです。経営者は経営者を演じる必要すらあります。

労務は心理学！

管理の前提は上司と部下の信頼関係にある

最近、私がよく感じることに、企業の現場で「労務管理力」が劣化しているのではないかということです。これは労使トラブルが発生した場合だけでなく、人事制度を設計するときなどにもよく感じることです。

普通ならすっといくはずのものが、なぜかギクシャクする。どうも、経営者と従業員の関係がしっくりいっていないのではないか……。もっと言えば、信頼関係が欠如しているのではないか……。そんな風に思える場面によく遭遇するのです。

この問題はなかなか根が深いものがあり、一つの特効薬で解決するほど簡単ではありません。長い経緯の中で醸成された個々人との人間関係及び職場感情が形成されてしまっているからです。

改善していくための対応方法はいくつかあるのですが、結局最後に行き着くのは、経営者の人間力にかかっていると思うのです。こういうと身も蓋もないでしょうか？

私はこのように考えています。結局、経営者の器次第であると。従業員を1人の人間として接する人間観もその一つだと思うのです。

少なくとも私も小さな会社の経営者の1人として、次のような人間観でいたいと考えています。

▼人は皆それなりに力を持っている

人はそれぞれがそれなりの能力を持っている。できないのはやり方が悪いか考え方が悪いからで、人格の問題ではない。

▼人は誰でも良い仕事がしたいと願っている

仕事をつまらないものにしたいと考える人はいない。やるからには充実した職業生活を送りたいと考えている。

▼人は認められたがっている

人には承認欲求がある。仲間から、上司から、お客様から、社会から、認められたという実感を渇望している。

▼人は誇りを持ちたがっている

人は自分や自分の会社に誇りを持ちたいと願っている。誇りを持つと、そう間違った道へは進まない。

こういった人間に対する思いがないと、結局、どんな施策を打っても効果は薄いと思うのです。逆にこういう思いでいると、自ずと言葉や表情、態度に現れ、良好な信頼関係の構築と職場感情の醸成に資すると考えています。

私のこの思い、人の上に立つ皆様には、共感していただけるでしょうか? 言うは易しで、私自身が自問自答を繰り返しています。

パワーも大事！ パワハラが起こりにくい企業文化を醸成する

最近では従来から紛争形態として多かった解雇、労働条件の引き下げに割って入る形で、パワーハラスメントが増加しています。

パワハラに関しては、言葉だけが一人歩きしてしまって、拡大解釈されていることがあります。

また、職務と関連性の薄いセクハラは感覚的にも違法行為と認識しやすいのですが、パワハラは職務上の教育指導との関連で線引きが難しい面もあります。現在、パワハラに関しては以下のような定義のもと、6類型化がされています。

定義　職場のパワーハラスメントとは、同じ職場で働く者に対して、職務上の地位や人間関係などの職場内の優位性を背景に、業務の適正な範囲を超えて、精神的・身体的苦痛を与える又は職場環境を悪化させる行為をいう。

【類型】
⑴身体的な攻撃
⑵精神的な攻撃
⑶人間関係からの切り離し
⑷過大な要求
⑸過小な要求
⑹個の侵害

【具体的行為】
暴行、傷害など
脅迫、名誉毀損、侮辱、ひどい暴言など
隔離、仲間外し、無視など
業務上、明らかに不要なことの要求など
仕事を与えないなど
私的なことに過度に立ち入ることなど

そこで、私の経験則上、パワハラによる紛争が起こりにくい企業文化について考えたいと思います。

1　人事を分けて考える

使用者は人事権を持っています。これは使用者の固有の権利です。この人事権に基づく注意指導とパワハラの境界線が困難な事例もあります。

しかし、よっぽどフラットな組織を目指しているのでない限り、使用者は人事権の行使である注意指導をためらうべきではありません。要は行使の仕方なのです。

人事という言葉を分解すると、生身の「人」とモノである「事」という相対する概念が組み合わさっています。そしてパワハラが起こる局面は、得てして人事のうち、「人」に焦点が当たりすぎていることが多いのです。

例えば、「あんなに早くやれといったのに何で遅れたんや！」と怒鳴る上司。この主語は何でしょうか？　隠れていますが、「お前は！」なのです。場合によってはその後ろに「馬鹿野郎！」なんて言葉が含まれているかもしれません。明らかに、「お前」という「人」に焦点が当たっています。「馬鹿」という人格問題となっています。このように言われた従業員は言い訳に終始したり、その後に「そこまで言わなくてもいいじゃないか！」と反抗的になるでしょう。

しかし、これを「事」に焦点を当てるとどうなるでしょう。「あんなに早くやれといったのに、遅れた原因は何だ？」と言ったらどうでしょう？　ここでの主語は「遅れた原因」という「事」で、そこに焦点が当たっています。相手に考えさせ、今後の改善指導という本来の目的も達成しやすいでしょう。同じことを注意指導するにしても、言い方次第で随分違うものです。

2　あなたメッセージから自分メッセージへ矢印の向きを変える

先ほどの例でもわかる通り、人に焦点が当たりすぎると、相手は人格攻撃と感じることがあります。指導されたと善意に解釈できません。

このようなとき、使用者の心を分析してみると、心の矢印は鋭く従業員側に向いて攻撃的になっているはずです。

すると、その矢印を向けられた従業員は、その矢先をかわそうとするだけです。場合によっては矢を掴んで投げ返してきます。

そうではなく、従業員自身に自分の心の側へ矢印を向けさせなければなりません。そうして初めて、周りの問題ではなく、自分の問題として捉えるようになるのです。

3　従業員にも大切な家族がいることに思いを馳せる

使用者から見て、出来の悪い従業員は確かにいます。しかし採用の段階で排除すべきであった人は例外的で、ほとんどの従業員は、いわゆる普通の人たちです。

その従業員にも懸命に育てたご両親がいます。またその従業員を父母として頼りにしている子どもたちがいます。家庭に帰ったら普通の子どもであり、普通の親御さんなのです。一方で、使用者にも当然、親や子どもがいるでしょう。その自分の親や子どもが、会社でひどい扱いを受けているとしたら、どう感じますか？

きっと、そんな会社に自分の大切な子どもや親を通わせるなんて、辛くてできないと思います。

もしそう思えるなら、多少出来が悪くとも、自ずと接し方に人間への配慮が生まれるのではないでしょうか？

4 簡単にできるコミュニケーション方法を使う

上司と部下の良好なコミュニケーション手法を解説する書籍や講座はたくさんあります。私も仕事上の必要性において、または自分も部下を管理する立場として、そのような勉強を人並み以上にしているつもりです。

でも、勉強したことを実践しようとすると、実際はなかなか難しいものです。そこで意識すればできる非常に簡単なコミュニケーションをご紹介したいと思います。

①「忙しい」は禁句

部下が仕事のことで尋ねてきたとき、「今は、忙しい！」とやるのは考えものです。得てして無意識に言ってしまう慣用句ですが、結構言われたほうは傷つきます。周りに誰かいる前で言われるとなおさらです。

「忙」という字は、心を亡くすと書きます。「忙しい！」と言ったあなたは、周りから見て心のない嫌なオーラを出しています。

②相手を認める

自分の人格が軽んじられたと思うとき、自分は認められていないと感じています。しかし、承認欲求は誰でも持っているのです。

相手を認めるには、褒め言葉をあたかもシャワーのように、浴びせ続けなければならないと誤解をしてはいないでしょうか？

しかし実際はそうではなく、相手の話を聴くだけで結構認められたという実感を持つものです。

「認」という字は、ごんべんに忍と書きます。つまり言葉を忍ぶということが相手を認めることだというのです。何も上手く褒めなければならないわけではなく、ただ上司が言葉を慎むだけで、承認したことになるのです。

ここは、饒舌に、冗長にならないようにしたいものです。

③「ど」つき質問のすすめ

しかしそうは言っても、ただ言葉を忍ぶだけでは、不充分です。どうしても言葉も必要なのは当然です。でも上司があまり饒舌になってもいけないとすると、どうしたらいいのでしょうか？

そんなとき、「どう思う？」「どうしたらいい？」「どうしたいんだ？」と聞いてみましょう。「ど」のつく質問、ただそれだけです。従業員の心の矢印を自分の方向へ向けさせなければなりません。ただ一方的に、上司から指揮命令の矢印を向けるだけでなく、「ど」つき質問を多用する社内文化を醸成しましょう。

④労務は1対1の関係

上司の存在は自分が思っている以上に、部下から大きな存在で見られていることを自覚しましょう。何気ない一言や態度でも、従業員の心の中には意外と蓄積されていることが多いのです。

その理由は簡単です。上司から見たら、部下の存在は5分の1、10分の1かもしれませんが、部下から見た場合、上司は1人しかいません。

つまり部下から見ると、常に1対1の関係なのです。そこを見誤ってはいけません。些細なことでもよく覚えています。

⑤それでも指導・注意・警告を恐れるな

しかし出来が悪いと見たならば、パワーを行使することを躊躇してはいけません。前述のように、よっぽどフラットな組織機構を目指していない限り、組織は縦の関係で規律が保たれている側面があり、社長から権限を委譲された上司は、本来的にパワーを有しているのです。要はその行使の仕方の問題です。

また日本の労働法制は採用に甘く、解雇に厳しいものです。従って、能力不足だとか勤務態度不良といっても、簡単に解雇することはできません。日頃からいかに指導、注意、警告をしてきたかが問われ、漫然とやりすごしていると、会社の教育がなっていないとされて解雇は無効となってしまうのです。問題社員ほど、繰り返し厳しく指導せざるを得ないのです。

そして他の従業員に対しても、問題社員を放置しておくことは、組織風土に悪影響を与えてしまいます。従って、人格攻撃をせず、コミュニケーションに意を尽くしていただければ、パワーの行使はむしろ望ましいことなので、臆することなく、適切にパワーを行使しましょう。

口下手OK！ 社員への〝社長の一言〟が問題を未然に防ぐ

労使紛争が拡大すると、合同労組に加入されたり、訴訟沙汰になったりと深刻なケースに発展することも少なくありません。中には恫喝をもって威圧的に迫ってくることすらあり、その度に「もう人を使うのが怖くなる」という心情を吐露される経営者もおられます。

本当に人を使うのが難しい時代になりました。でも人を使わずして、経営を行っていくことはできません。どうしたらもっと良好な労使関係が築けるようになり、紛争のリスクを減らすことができるようになるのでしょうか？

私がこの問題を考えるとき、大きな視点では、いかに不良社員の入社を水際で防ぐか、そして、いかに今いる社員に不満が鬱積しない労務管理を行うかという点にかかっていると思うのです。

それには、以下の2つのポイントがあると考えています。

1 経営者も労働法に無頓着ではいられないこと（ある程度労働法を知る必要がある）

2 人の感情や心理に配慮した人間関係を心がけること（場合によっては役者を演じるセンスがいる）

1 経営者も労働法に無頓着ではいられないこと

ある労働基準監督官がこんなことを言っていました。

「今の労働者には問題がある人が多いですね。他のことは棚に上げて、労働基準法上の権利だけは主張される。諌めようとすると、ある労働組合からは、労働基準監督署は経営者寄りだと非難を受ける始末です」

経営者に悪意がある場合は論外として、知らずに法違反を犯し、それを知っている労働者から指摘を受けるケースがあります。今の時代は知らなかったでは許されない不寛容な時代になっていなくとも、せめて実務書レベルの労働法に関する書物は一度お読みいただければと思います。

その上で、我々社会保険労務士とか弁護士とか専門家をそばに置いて使いこなしてもらえれば、相当程度の紛争は未然に回避できます。自ら基礎知識を持ち、相談相手になる専門家をつくることはぜひ行ってほしいものです。

2 人の感情や心理に配慮した人間関係を心がけること

私はかねてより、「労務は感情、労務は心理学」と訴えてきております。これは現在働いている従業員との関係において、むしろ法律よりも非常に重要な観点です。

にもかかわらず、総論的に申し上げて、経営者の方が苦手にしている分野ではないかと推察しています。

例えば、人を褒めることの効用は誰でも聞いたことがあるはずですし、感謝する心が大事だとか、相手の話を否定せずに聞くのがよいだとか、いろんな本に書いてあります。

でもコーチングや褒めることは、実際やるのはちょっと難しい面があります。だったら、もっと簡単な方法はないものでしょうか？

そこでご提案するのがたった一言の癖つけです。

例えば、褒めるというのに抵抗があるなら、一言「さすがやね」「すごいわ」、ありがとうと感謝するのが気恥ずかしいなら、一言「すまん」「助かるわ」「悪いなあ」、期待を込めるのが上手く言えないなら、一言「ほな、頼むわな」「やるな」。こんな具合です。

私の地盤である関西弁は、こういうときに非常に便利です。いかがでしょう？　これくらいならすっと言えないでしょうか？

すでに自然にできる方や、これ以上のコミュニケーションを取れている方には蛇足だったかもしれませんが、もしご参考なるならぜひお試しください。その際、一番良いのは心から言うことですが、せめて必死に演じる努力はしたいものです。

第 3 章

出口の労務管理

問題社員・退職勧奨の秘訣

1 問題社員

ここでは経営者が頭を痛める問題社員への対応を解説します。問題とは言っても横領のように法的に問題なのではなく、仕事ができない（遅い、ミスが多い）、態度が悪い（協調性不足、反抗的）といったタイプの社員です。ご相談で一番多い類型かもしれません。

辛抱も大切！

解雇したい問題社員はまずここを検討する

労使紛争は企業の規模を問わず、起こるときは起こります。小さな会社でも労働組合（ユニオン）ができたり、裁判になったりと、深刻なケースに発展することもあります。

インターネットの影響もあり、従業員が会社の労務管理の不備を知り得る状態になり、また合同労組や弁護士などへのアクセスも飛躍的に向上したことが原因としてあります。

会社にとって最悪のケースは、解雇でもめて、弁護士や合同労組へ駆け込まれ、解雇無効と未払いの残業代を請求されるようなケースです。相手に非があっても、数百万円の解決金を用意しなければならないことも少なくありません。

裁判所から仮処分が認められると、その間、就労がないにもかかわらず賃金の支払いが発生し、その後に和解になっても、さらに解決金が必要ということもあり得ます。

昔から能力不足とか執務態度が悪いとかで従業員を解雇したいとの相談をよく受けますが、法的には以下の2点を検討する必要があります。

1　労働基準法上の解雇手続きを踏んでいるか
2　民事上の解雇権の行使が濫用に当たらないか

1　労働基準法上の解雇手続きを踏んでいるか

労働基準法では、解雇の場合、30日以前の予告か、30日分の解雇予告手当の支払いか、その両方の折半（10日前に予告して20日分の予告手当の支給など）を求めています。つまり司法とは違い、労基署段階ではこの手続きを踏んでいれば、問題はありません。

ちなみに予告手当は給与とは別で支払うことが望ましいですが、給与明細に入れるときは非課税として処理します。科目は退職金勘定になります。この手続きは解雇理由を問いません。仮に従業員に帰責事由があっても、踏まなければならない手続きになります。

2 民事上の解雇権の行使が濫用に当たらないか

但し、手続き上は前記の通りとしても、民事上有効かどうかは別問題です。一般論としては、いわゆる能力不足や勤務態度不良による解雇は予測可能性が困難です。企業の規模や職務内容、採用理由（特に職種限定採用か、管理職採用か）、勤務成績や態度の不良の程度（解雇をもって臨まなければならないほどか）、回数（繰り返し起こしているか）、改善の余地（指導すれば何とかなるか）、指導教育の程度（何度も警告、教育したか）、他の労働者との均衡（同様事案で不問にしている人はないか）など、総合的に判断されることとなります。

解雇の効力をめぐって紛争に至ることを想定して、こういった事由で解雇に発展する場合、会社が常に指導、注意、警告を行ってきたかを書証で残しておくことが肝要です。

例えば初めのうちは口頭による注意から始まり、改善しないときは指導書や勧告書など文書で記録を残します。それでも従わない、または改善しない場合は、さらに踏み込んで始末書、減給、出勤停止などの段階を追った制裁処分により、解雇する前に様子を見ます。そしてなおダメなときに初めて解雇できるくらいの辛抱が求められるのです。

また制裁罰を課すときは、就業規則にその根拠規程がないとできません。これらは、解雇に本人が納得せず、民事訴訟に及んだ場合の話です。

手順が大事！ 音信不通・無断欠勤者にはこう対応する

企業規模を問わず、ある日突然出社しなくなる従業員がいます。まったくの音信不通のこともあれば、最初は連絡があったけれども、その後に無断欠勤になるとか、留守録には入るが返信がないなど形態はさまざまですが、いずれにしても正当な理由のない欠勤状態であり、対応に苦慮することがあります。

もちろん、解雇も検討できますが、リスクは残ります。こんなケースでは、どのように対応すればよいのでしょうか？

まず行うことは、数度の電話連絡の後、できれば自宅まで様子を見に行き、不在であれ

出社命令書

出　社　命　令

サンプル　太郎　様

令和１年８月２０日
株式会社●●
代表取締役　◎◎　◎◎

時下ますますご清祥のこととお慶び申しあげます。

さて、貴殿は令和１年６月６日から正当な理由のない欠勤状態となっており、相当期間が経過しています。まだ貴殿との雇用契約は継続中ですので、就労意思があるのであれば、以下の通り出社されるようここに業務命令を発令します。なお、６月分の給与は、下記出社の時に、現金にて支払いいたします。

[出社日]

令和１年6月28日（金）　午前１１時００分　　社長◎◎まで

万が一上記出社日に出社できない場合も、必ず社長まで電話を下さい

もし現状が継続すると、就業規則により貴殿は令和１年７月６日付にて自己都合による退職となる可能性がありますので、念のため申し添えます。

【参考】　就業規則　抜粋

（退職）第46条　　次の各号に該当する場合には､各々の日に退職となります。

(9)　欠勤の連絡はあったが、その後出勤せず連絡もなく、最後の連絡日より１ヶ月以上本人から連絡のないとき（１ヶ月経過日）。但しやむを得ない事由のある場合を除きます。

２　前項の９号による退職は当該日に自ら退職したものとみなして、自己都合退職として取扱いします。毎日又は一定期間を指定して連絡がある場合は、９号を適用しません。

なお、出社時に以下の貸与物をご持参ください。一旦、回収いたします。

①ガソリンカード

②会社の鍵　２本

③会社立替金３１，５４６円

追伸　なお本件に関しての電話応対は社長が行いますので、何かあるときは、必ず直接社長までお願い致します。

＜問い合わせ先＞

代表取締役　◎◎　◎◎　宛　　TEL：090－0000－0000　　まで

この書式は著者のホームページよりダウンロードできます。詳しくは199ページをご覧ください。

ば連絡を促す置手紙を残してきます。たいてい不在などで会うことができないようです。独身者であれば、緊急連絡先となっている父兄などに一応連絡を入れておきます。万が一として、事故に巻き込まれている可能性もあるからです。

その後、会社から本人の住所宛に記録郵便で、手紙を出しておきます。その文面例を前ページに載せておきます。

ここでは出社命令とするのがコツです。なぜなら正当な理由がない限り、出社して労働する義務があり、それに応じない事実をつくっておくのです。

あとは手紙に記載した期限が到来するのを待ち、その間に連絡も出社もなければ、そこで指定した期日をもって退職手続きへと進みます。経験則上、普通に戻ってくることは稀で、たいていそのまま退職となります。

2 退職勧奨

ここでは、いわゆる問題社員と、いかにして円満に別れるかということを主眼として解説します。そのためには解雇ではなく、退職勧奨という手法を使います。解雇は反撃を受けるリスクが高いため、よっぽどでない限り伝家の宝刀として温存しておきます。

自由に行える！

解雇とはまったく別の退職勧奨を理解する

退職勧奨はよく解雇と勘違いされるのですが、解雇とはまったく別のもので、自由に行うことができます。

離職には、従業員からの一方的な解約である辞職と、使用者からの一方的な解約である解雇の間に、合意解約があります。この合意解約にも2つあって、1つは従業員から退職したいとの申し入れで、一般的に自己都合と言われるものです。

これに対し、会社から辞めてもらえませんかと打診するのが退職勧奨で、その結果、従業員が受け入れれば、これも合意解約となります。退職を促す行為である退職勧奨自体は自由に行うことができます。

ただ自由とは言っても、以下のような場合は違法と判断される可能性があるので、注意を要します。

(1)明らかに拒否しているのに執拗に迫る
(2)大人数で取り囲む
(3)いたずらに長時間監禁する
(4)暴言、罵倒、脅迫じみたことを行う

解雇は危険！ 問題社員にはこの流れで退職勧奨をする

問題社員だからといって、いきなり解雇するのは非常に危険です。ケースにもよりますが、概ね以下のようなスケジュールで考えます。

①まず退職勧奨してみる→受け入れれば即退職手続きに入る
↓
②❶で受け入れなければ、改善プログラムを3ヵ月間組む
↓
③3ヵ月経過後、改善が見られれば経過観察、見られなければ再度退職勧奨

①まず退職勧奨してみる

まず退職勧奨してみます。退職することに同意した場合は、気が変わらないうちに、直ちに社長が退職を承認（合意）し、早急に退職日を確定させます。一旦人事権者と合意した退職の意思表示は、その後に撤回することができないからです。

そして退職願を書いてもらうか、退職合意書（次ページ）を作成します。但し、退職に迷いを見せる言動がある場合には、強引に書かせることは避け、1日空けてから書いてもらうこともあります。これはケースバイケースです。

退職合意書

退　職　合　意　書

株式会社●●（以下「甲」という）とサンプル太郎（以下「乙」という）とは、甲乙間の雇用契約に関して、以下の通り合意する。

1　甲と乙は、当事者間の雇用契約を令和　　年　　月　　日（以下「退職日」という）限り、合意解約する。

2　甲は乙に対して、特別退職金として金　　　　円を支払うものとし、これを令和　年　月　　日限り、乙の指定する下記預金口座に公租公課を控除した残額を振込送金する方法で支払う。

銀行名、支店名

預金の種類

口座番号

名義人

3　乙の退職日までの未使用となる１３日の残有給休暇は、甲が１日 10,000 円で買い上げ、前項の金額に合算して支払う。

4　甲は本件合意解約に関し、雇用保険の離職証明書の離職事由は、甲からの退職勧奨の受け入れ扱いで処理する。

5　甲は乙に対して、令和　　年　　月　　日から退職日までの就労義務を免除し、令和　　年　　月分給料として令和　　年　　月　　日限り、満額の金 255,000 円から公租公課を控除した残額を第２項の預金口座に振込送金する方法で支払う。

6　乙は、本合意書の成立及び内容並びに本件の経緯を第三者に漏洩しないものとし、今後甲乙共に誹謗中傷しないものとする。

7　甲は、本合意書締結以降、乙の不利益となる情報を開示せず、第三者から乙の退職原因を問われた場合には、円満退職したことのみを告げるものとする。

8　乙は甲の営業秘密及び個人情報にかかる資料並びに甲からの貸与物は、正本、複写等の別を問わず、すべて退職日までに甲に返却し、退職日以降一切所持しないことを誓約すると共に、甲の在職中に知り得た甲の営業秘密及び個人情報について、甲が特に許可した場合を除き、退職後も第三者に漏洩しないものとする。

9　甲と乙は本合意書に定める他、乙の退職後の守秘義務等乙が退職後も負うべきものとされる義務を除き、甲乙間において何らの債権債務が存在しないことを相互に確認する。

10　乙は本合意書締結前の事由に基づき、甲及び甲と資本関係会社、これらの役員、従業員、株主に対し、一切の訴訟上、訴訟外の請求を行わないことをここに同意し、誓約する。

11　退職日以降、甲の施設内に乙の私有物がある場合、乙は甲にその処分を委任する。

甲乙間の合意の証として本合意書を２通作成し、署名または記名押印して各々１通を保管するものとする。

令和　　年　　月　　日

（甲）　株式会社●●

代表取締役　　◎◎　◎◎　　　　　㊞

（乙）　住　所

氏　名　　　　　　　　　㊞

この書式は著者のホームページよりダウンロードできます。詳しくは199ページをご覧ください。

②改善プログラムを3ヵ月間組む

1回目の退職勧奨に成功しなかった場合は、次のステップに進みます。漫然とやりすごすのではなく、必ず期間を切った改善プログラムを組み、このように伝えます。

「よしわかった。でもまだウチで頑張るということなら、今のままではダメだ。向こう3ヵ月間の改善指導プログラムを組むので、真剣に取り組んで結果を出してほしい。また3ヵ月後に話し合おう」

この改善プログラムですが、決して難しいことを要求するものではなく、やる気さえあれば誰でもできる課題を10項目くらい書き出し、毎日チェックさせます（次ページ）。応じない場合は業務命令を出してでも行います。

これにより本当に改善してくれればそれに越したことはありませんが、経験上そのケースは稀です。

結論から言いますと、この目的は3ヵ月間指導したけれども、こんな簡単なことすらできない、守れない、やらないという事実を残すためなのです。とにかく3ヵ月間、会社も本人も、この課題に対して、コミットし続けます。放ったらかしはいけません。

不真面目なときは、文書で注意書（178ページ）、警告書（179ページ）を出します。

改善プログラムの例

年　　　　月　分

No.	改善項目	1	2	3	29	30	31
1	大きな声で挨拶ができたか						
2	相手にはっきり聞こえる声で話せたか						
3	指示どおりに作業できたか						
4	指示されるまで待っていることはなかったか						
5	わからないことをわからないままにしなかったか						
6	忘れるかもしれないことはメモしたか						
7	以前と同じことを注意されなかったか						
8	以前と同じ失敗をしなかったか						
9	注意されたことはなかったか						
10	ミスはしなかったか						
11	他の従業員の注意・指導等を無視しなかったか						
12	異常があったとき、すぐ上司に報告したか						
13	やり忘れたことはないか						
14	ボーっとしている時間はなかったか						
15	嘘をつかなかったか						
16	他の従業員や機械のせいにしなかったか						

・毎日、業務終了時間までに次の通り記入すること。
　できた場合：マスを黒く塗りつぶす
　できなかった場合：そのまま何も記載しない
　機会がなかった場合：マスに／を引く
・正直に記入すること。
・黒く塗れなかったことがあるときは、２枚目にその内容を記入すること。
・記入後は、この用紙を指示された位置に置くこと。
・すべて黒く塗れるよう、日々努力すること。
・３ヵ月間継続します。３ヵ月後に再度面談を行います。

注意書

令和　　年　　月　　日

サンプル　太郎　殿

株式会社●●

代表取締役　◎◎　◎◎

注　意　書

貴殿は、切削加工業務において、忠実に指導に従っているとは認められず、当社の切削加工業務に貢献しているとは言い難い状況です。

当社としては、貴殿に対し、加工開始前、ブザーが正常に動作するかの確認の徹底・ブザー異常時の報告を、これまで口頭で何度も注意・指導をし、令和１年10月８日には実地指導も行っています。

しかし、令和２年１月６日、ブザーが動作していないにもかかわらず、誰にも報告しないばかりか、管理表の「ブザー確認」の欄の「OK」に○をつけるという虚偽報告を行いました。

これまでの繰り返しの注意・指導にもかかわらず、改善がないことから、業務命令に従うよう、本書にて改めて指示に従うようい、期待した成果を出すようここに命令します。

以上

（本人受け取り欄）

本書の内容を理解し、今後改善いたします。

令和　　年　　月　　日

氏名　　　　　　　　　　　　　　　　印

注意書に関しては著者のホームページにさまざまなパターンが用意されています。詳しくは199ページをご覧ください。

警告書

令和　年　月　日

サンプル　太郎　殿

株式会社●●

代表取締役　◎◎　◎◎

警　告　書

貴殿は、以前より社長が何度も全従業員に製品の入った箱の下には新聞紙を敷くよう指導していたにもかかわらず、令和１年１１月１４日、製品の入った箱の下に何も敷いていなかった。工場長が製品の入った箱の下に新聞紙を敷くよう、何度も注意・指導したにもかかわらず、指示に従わず、また、これまで指導を受ける際の態度がきわめて悪く、改善プログラムシートの記入を渋る等、改善しようとせず、職務に対する熱意・誠意がみられず、勤務態度がよくない。

貴殿は本件のほかにも、今まで多岐にわたり業務遂行上の問題を起こし、会社より口頭注意、教育訓練等、たびたび注意や指導を行ってきたにもかかわらず、真摯に反省しないばかりか、反抗的な態度すら見られ、一向に改善されない。

今後、貴殿が更にこれらのような行為を行う場合は、当社は懲戒処分を含めて厳しく対処することとするので、充分に注意してください。今後かかる勤務態度を直ちに改善するよう、本書にて警告する。

以上

（本人受け取り欄）

本書の内容を理解し、今後改善いたします。

令和　　年　　　月　　　日

氏名　　　　　　　　　　　　　　　　　　印

警告書に関しては著者のホームページにさまざまなパターンが用意されています。詳しくは199ページをご覧ください。

仮に受け取らないケースがあれば、その事実を日記のように時系列に記録しておきます。その他、気づいたことは何でも記録しておくようにします。

③3ヵ月経過後に再度退職勧奨をする

3ヵ月経過後、改善が見られれば経過観察、見られなければ再度退職勧奨を行います。ここまでくれば、相当外堀が埋まった状況になっていますので、再度の退職勧奨で応じる可能性が高くなっています。

「3ヵ月が経過したけれども、自分で振り返ってみてどうですか？　たいして難しいことを要求しているわけでもなかったはずなのに、できなかった（やらなかった）ですよね。こんな調子だと、いずれ解雇せざるを得なくなってしまいかねません。辛い思いをする前に、自分で身の処し方を考えてもらえませんか？　今なら多少の退職金を出すことも可能ですが、解雇となればそうもいかないでしょう。自分でよく考えてみてください」

歩み寄ってくれれば、先述の1回目の退職勧奨を受け入れた際と同様に、直ちに手続きを進めていくこととなります。これでも応じなければ、再度チャンスを与えるか、リスクを承知の上で解雇するかは経営判断となります。

準備が必要！

退職勧奨の面談はここに注意して進める

退職勧奨の面談は、背中を押してあげるためのものです。退職に消極的な人に対して何としても退職を説得するためのものではなく、辞めてくれればラッキーくらいの感覚です。面談の中で明らかに拒否反応を示し、説得が難しいと思えば、それ以上の無理は決してしないほうが無難です。また面談は録音されていると心得たほうがよいでしょう。

しつこく迫る、大人数で取り囲む、長時間監禁する、脅迫じみたことを言ったり罵声を浴びせることは違法となり、かえって問題を複雑化させますので、注意を要します。

面談は必ず2人で行い、1人が面談の進行を、もう1人が書記を担当します。書記担当の方は、話された内容を逐一メモに取っておきます。万が一、面談進行役がヒートアップしてしまった場合に、書記担当の人はなだめる役割も担います。

面談時間は30分程度に留めます。それ以上は話が拡散することが多いからです。2回目以降を行う場合も原則20分以内に留め、長くても1時間を超えることがないようにします。

退職勧奨における面談の基本は、これ以上会社にいても浮かばれないことをきちんと説明し、本人の将来のためを慮った姿勢を貫くことです。口論する場ではありません。また面談は必ず就業時間中に行ってください。

目的は話し合いにより合意して退職を決定することにあるので、本人が退職を迷っている間は何度か面談を重ねても構いません。但し、「退職しない」「応じない」との意思が明確に示された場合は、それ以上の勧奨は退職強要と評価される可能性が高いので控えなければいけません。

退職勧奨面談前には、必ず以下のことを検討しておきます。

①退職合意書の雛形の準備（175ページ参照）

②割増退職金（いわゆる手切れ金）の検討

多少の金銭を積むことによってまとまる可能性があります。

③有給休暇の買取り（何日残っていて、1日いくらにするか）

未消化の有給休暇を買い取ることで受け入れやすくなります。

④退職日までの就労の扱いとその間の賃金

退職は受け入れたが、退職日まで相当期間が空く場合、再就職のためにその間の就労を免除して給与は満額保障することもあります。

⑤雇用保険の受給資格の確認（自己都合で1年、退職勧奨の場合は6ヵ月）

受給資格がなければ、一定の割増退職金を覚悟する必要があります。

その他の付帯事項としては、本人の性格、家族構成、未払い残業代はないか、パワハラはなかったかなどにも留意しておく必要があります。特に普段の労務管理で会社側に落ち度がある場合、反撃されるリスクがあるので注意しましょう。

常に冷静に！　退職勧奨では話し方にも配慮が必要となる

退職勧奨では、決して言い争いはしないことです。退職合意してもらうのが最大のミッションであって、論破することが目的ではありません。仮に「何くそっ！」と思う感情があっても、それは出さず、淡々と冷静に話をすべきです。

ここで話し方の例を紹介しておきます。

●勧奨例1

「今までの勤務状況を見ていると、このままウチの会社で続けるのは難しいのではないか。このままでは〇〇さんを会社は評価できないし、これ以上重要なポジションで仕事を任せることもできない。給料も上がらないし、賞与査定も低くなる。恐らく同僚や後輩にも抜かれ、プライドを傷つけられることになるだろう。まだまだ今ならやり直しはきくと思う。（年齢も●歳なら再就職も可能だと思うが、年を重ねるごとにそのチャンスは確実に減っていく。定年まであと●年もウチでくすぶっているのは君にとってもマイナスだ）。

残念ながらウチとは合わず浮かばれなかったが、きっと世の中には〇〇さんに合う環境で、もっといい上司のもと、もっと評価してくれて、もっと輝いて自己実現できるところがあると思う。今のうちにきれいな形で別れたほうがお互いのためになるのではないか。じっくりよく考えてみてはどうか」

●勧奨例2

「〇〇さんは〇〇さんで信念を持ってその考え（やり方）をしていること、それ自体は立派なことかもしれない。でも会社には会社の考え方がある。仮に会社の方針が間違っていて失敗しても、最終的に全責任を負うのは私（経営者）のほうである。私はお客様や取引業者に対して、そして他の社員とその家族に対しても、最終的に全責任を負う。極論すれば墓場まで会社を背負っていく。そういう意味では私は会社を選ぶことができない。逃げることもできない。最後に責任を取るのは私のほうだから、方針が合わなくとも、最終的には私の方針に従うべきではないのか。もしそれができないというなら、むしろ会社や経営者を選べるのは○○さんのほうだ。この相反する状況を変えられるのは、会社を選べる○○さんのほうだよ。私はずっとここにいるわけだから。どうしても従えないなら、○○さんのほうから状況を変えるべきじゃないのか」

●勧奨例3

「会社は○○さんを解雇するつもりはない。○○さんにとっても安易に解雇してほしいなどと言って、経歴に傷をつけるべきではないと思う。なぜなら会社にとって前の会社をいかなる理由で辞めたのかは重大な関心事であって、○○さんの再就職に良い影響は与えない。再就職の道をわざわざ狭めるようなものだ」

●**勧奨例4**

「もし円満に退職に応じてもらえるなら、今なら特別に退職金を●円（●ヵ月分）出すことができる。残っている有給を買い上げてもよい。退職日までの就労免除も検討するし、雇用保険もすぐにもらえるようにしてあげる」

万が一、解雇と受け取られるような誤解を与えた場合は、すぐに解雇するつもりはないとして誤解を解いておくことが肝心です。

後腐れなく！ 離職日には社長が最後に両手で握手する

とにかくものは言いようです。また、いくら従業員に非があっても、退職した従業員から反撃をくらい、そこで費やす不毛な時間、労力、金銭、精神的負担を考えると、後腐れなく別れたほうが賢明です。

労働関係のトラブル事案は、この手の離職をめぐって起こることが一番多いからです。しかもトラブルになっているときは、得てして法的な問題というよりも、〝恨み〟による感情的なしこりがもとになっていることが多いのです。これは普段から鬱積してきた不満もありますから、なかなか難しいものがありますが、それでも経営者は別れ際に一工夫欲しいところです。

そこで、私が常に別れ際に関して一つだけアドバイスしていることを申し上げます。これにより、離職後にトラブルを拡大させることなく終了することが多いのです。これからはいかなる事由であれ、従業員と別れるときはこのようにされてはいかがでしょうか？

①握手をする

離職日には必ず社長が立ち会い、別れ際に握手をしてください。それも片手ではいけません。両手です。こちらから両手を差し出して相手の手を握る感じです（選挙のときに候補者が両手を差し出して有権者と握手するイメージ）。心理学的には接触効果と言われるもので、印象の向上につながります。

②頭を下げる

握手の際、相手の目を見るとともに、頭を下げましょう。「今までご苦労さんでした。

ありがとう」の一言を添えるといいでしょう。演技でも構いません。

③今後の幸せを祈念して送り出す

「ウチの会社では○○さんの力を充分活かせなかったかもしれないが、次の会社ではもっともっといい人に出会って、幸せになってくれ」という感じで、今後の人生の成功を祈る気持ちを伝えましょう。

ただこれだけです。相手に問題がある場合でもそうです。社長にプライドがあるのはわかります。むしろ社長から見て問題のあるその従業員に、文句を言いたい気持ちもわかります。しかしそこはぐっと我慢です。これだけのことでその後の不毛なトラブルを回避できるとしたら、それでいいではありませんか？

付　章

働き方改革

真の目的は企業の新陳代謝

小手先はダメ！

働き方改革は生き残りをかけた経営問題である

本書の最後に、付章として「働き方改革」について触れておきたいと思います。なぜなら、これを単に労働者のための労務問題と矮小化して捉えると、ことの本質を見誤ることとなり、経営にダメージを受ける可能性が高いからです。

この源流は2016年の日本再興戦略にあります。この中で現在を第4次産業革命と位置づけ、雇用分野において「働き方改革」という言葉が登場し、長時間労働の是正に代表される現行法につながる改革が示されました。この日本再興戦略の中では、「生産性革命」という言葉もあり、雇用分野においても「生産性の高い働き方の実現」が改革の最上位に挙げられています。

また「スピード感あるビジネスの新陳代謝の促進」なる文言もありますが、この意味するところは、生産性の悪い企業には退場を迫るということです。激減していく貴重な労働力を非効率な企業に温存させず、成長できるところへ吸収していく意を含んだものです。

働き方改革を起点に成長できる企業を残す↓収益構造が改善↓賃金へ分配↓消費喚起↓

設備投資→デフレ脱却……。つまり、このような循環サイクルでしょうか？

経営者側委員として働き方改革実現会議の委員であった日本商工会議所の三村会頭も、日経新聞のインタビューで以下のように述べています。

「真正面から生産性の向上や収益改善対策を進めないと、中小企業としては生きていけないという切羽詰まった状況だ。納得できない経営者もいるだろうが、そろそろ一つの悟りを得たと思う」

そのように考えると、働き方改革を斜に構えて見るのではなく、この第４次産業革命を生き残るための経営課題と捉えるべきなのでしょう。ダーウィンも「唯一生き残ることができるのは、変化できる者である」と言っています。

その上で、私は経営者の皆さんに、この改革は苦しくとも邪道に走らず、真っ当な倫理観で経営を続けていただきたいと思っています。

さて、ご存知のように日本の労働人口は急速に減りはじめています。２００８年に総人口１億２８０８万人を記録したのをピークに、総労働人口はどんどん減り続けています。15歳から64歳までの生産年齢人口も、２０１５年には７７２８万人（総人口の60・８％）だったものが、２０６５年には４５２９万人（51・４％）まで減ることが予想されており、働き手は総人口の約半分にまで下がるのです。これは中位推計の数字であり、政策が失敗した最悪の低位推計ではもっと悲惨な結果となってしまいます。

そうすると、今の豊かさを維持していくことは到底困難となり、〝貧しい国ニッポン〟となってしまいかねません。そこで必要なのが、この働き方改革であり、この真の意味は、労働生産性を上げ、生産性革命を起こすことなのです。

・労働生産性＝アウトプット（付加価値額）÷労働投入量（労働人数、または総労働時間）

（日本は先進国の中では最下位である）

要するにいかに少ない投入量で、付加価値を得るかが問われることとなります。簡単に言うと、人口が減っていく日本が豊かさを維持するためには、1人あたり、1時間あたりの粗利を上げること。これが今、至上命題として求められているのです。

そのように考えると、有給休暇を強制付与するとか、残業規制を厳しくするとか、それ自体は枝葉末節な話です。こういったいわば経営者から見て厳しい規制は、付加価値を落とさずに無限定な長時間の労働体質から脱却し、生産効率をアップさせ、体質改善できた企業を残し、そういった企業に生き残ってもらって、雇用を吸収させたいということです。つまり、新陳代謝を促そうとしているのです。

これについていけない企業は、そう遠くない将来、この世の中から退場を迫られることになりかねません。振るい分けが始まったと考えるべきなのです。

有給休暇を付与すれば、稼働日数が減りますよね。残業規制が厳しくなれば、労働時間は短くなります。しかしだからと言って、多くの経営者は、企業規模や利益を小さくしてよいとは考えないでしょう。少なくなった時間の範囲で、何とか工夫するはずです。そこで知恵を絞り、イノベーションが生まれ、結果として労働生産性がアップして、強い体質に生まれ変わる。そういった変化を促されているのです。

「24時間戦えますか?」の昭和的働き方は、令和には通用しません。行政機関はもとより、求職者、在籍社員、取引先から三下り半を突きつけられないように、働き方改革は労働問題ではなく、生き残りをかけた経営問題と認識して取り組む必要がありそうです。

心に正直に！ 厳しい状況でも職業倫理は守ってもらいたい

働き方改革は経営問題です。この厳しい状況の中であっても、経営者の皆さんにはしっかり守ってほしいことがあります。本書の最後にそれをお伝えしていきます。

社会保険労務士として多くの経営者とお会いして話す中で、倫理上、悩ましい場面に遭遇することがあります。例えば、「会社の経営が苦しいときに、法律はどこまで守るべきか」という命題に当たるときなどがそうです。

会社が潰れてしまっては元も子もありません。しかしだからと言って、どんどん首切りしてよいとか、社会保険料をごまかしてよいということにはならないはずです。

こういったケースはまだわかりやすいのですが、助成金を取り扱う場面で考えてみても、悩ましいケースがあります。つまり受給したい経営者は、「これくらいのことはよいだろう」と都合よくルールを解釈して、結果的に不正につながることがあるからです。例えば、存在しない事実をつくり出したり、ルールを都合よく曲げるなどのことが起こりがちです。普段は善人のはずが、特定の場面では悪人になってしまうことがあるのです。

そもそも「倫理」とは、一体何でしょうか？

倫理とは「人として守り行うべき道。善悪・正邪の判断において普遍的な規準となるもの。道徳。モラル。」(『角川大字源』角川書店)となっています。

そこに職業がついて「職業倫理」となると、「特定の職業に従事する者の間で守ることが要求される行動規範。」(『日本語大辞典』講談社)となっています。

倫理とは要するに一言で言えば、「人の道に反しないこと」だと思うのですが、そこに職業がつくと、その倫理のハードルがさらに上がるということなのかもしれません。そしてそのハードルは職業ごとに異なるものであるはずです。

ですから、その職業に就く経営者は、その職に求められる職業倫理を心の中にしっかりと持っていないと、間違った経営を行ってしまうのかもしれません。偽装が絶えないのも、そういったことなのだと思うのです。

ただ、我々は聖人君子でもなければ、裁判官でもありません。経営が苦しいとき、これをやれば儲かるとの誘惑に駆られるとき、どうしても倫理を見失うことになりかねません。そんなときに大切なのは、いかに自分の心の中に自分なりの倫理基準を持っているか、心の拠り所があるかにかかっていると思うのです。

信号無視は違法です。誰でも知っています。でも、車の少ない道路、狭い横断歩道では、ついつい赤でも渡ってしまう。こんな場面はよくあることです。

ただその横断歩道の向こう側に、小さな子どもがお母さんに手を引かれて、ちゃんと待っていたら、この前をすっと横切るのは何か逡巡するという思いに駆られる。そんな経験はないでしょうか？　この逡巡はどこから来ているのでしょうか？

恐らく、人は誰でも子どもの前ではしてはいけないことという思いがあり、潜在的に持っている倫理道徳心が首をもたげてくるからではないでしょうか。それが他人の子どもであったとしてもです。

そうすると、経営が苦しいときとか、これをやれば儲かるとの誘惑に駆られたとき、今行われていること、またはやろうとしていることに対して、小さな子どもが「これ何？」「何で？」と尋ねられたとしたら、きちんと答えられるしょうか？

もしそこで逡巡する気持ちが生じたら、それはきっとやましいことなのです。であれば、それはするべきではないことなのです。きちんと説明できることであれば、信念を持って行えばよいでしょう。

こういったことも自分の心の中の倫理基準です。心の拠り所です。

特に人の上に立つ経営者は、その職業において、通常の人々よりも一段高い、倫理のハードルを持つ必要があるのかもしれません。真っ当な経営を行うためにも、経営者として自分を見失わないためにも、心に自分の倫理基準を持つようにしたいものです。

おわりに

最後までお読みいただきまして、ありがとうございました。

「はじめに」でも申しましたように、この本はこれまで私がクライアントの皆様に配信してきましたメルマガ記事を書籍用にカスタマイズしたものです。

しかし、いざ過去の記事を読み返してみると、今回の出版で与えられたページ数に収めようとするのは、かなり大変な作業になりました。

ただ今は、充実感に満ち溢れています。

そしてこの本が、人の問題、労務管理で日々悪戦苦闘されている経営者の方々の力になれれば、これほど嬉しいことはありません。

労務で経営を向上させることが私どもの本望ですが、少なくともこの本によって、無用なトラブルに巻き込まれるリスクが相当回避できるものと確信しています。

今回収録できなかったテーマについては、また機会があれば追録版のようなものを出版できればと思います。

この度の出版にあたり、現代書林の渡部さん、小野田さんには大変お世話になりました。また今まで私を支えてくださったお客様、職員、関係者の皆様、そして最大の理解者である我が妻に感謝の念をもって、一旦筆を擱きたいと思います。

この本により中小企業の労務管理が向上し、少しでも皆様の会社の経営が向上すれば望外の喜びです。

令和2年2月　　溺愛の愛犬「むく」とともに　大阪市の自宅にて

西村　聡

著者プロフィール

西村 聡　にしむら　さとし

特定社会保険労務士・賃金コンサルタント
社会保険労務士法人ラポール 代表社員
株式会社なにわ式賃金研究所 代表取締役

昭和40年生まれ。大阪市在住。

10年間、会社員として求人広告営業をする中で、スキルアップのために、平成8年に社労士資格を取得。その後、労務コンサルが主業となったため、平成10年に独立して「西村社会保険労務士事務所（現ラポール）」を創業。さらに平成19年には、小規模企業専門の賃金コンサル業を行うため、「株式会社なにわ式賃金研究所」を設立する。

以降、大阪府社会保険労務士会常任理事・大阪南支部支部長（平成21～27年）、公益社団法人総合紛争解決センターあっせん委員（平成21～23年）、大阪府社会保険労務士会労働条件審査推進特別部会部会長（平成25～27年）を歴任する。

現在も、零細企業の経営者が運用できる簡単な賃金システムの提案を始め、社内規程の整備、労働紛争対応、手続代行、労務相談など、経営者をサポートする社会保険労務士として活躍している。

大阪平野ロータリークラブ会員。

社会保険労務士法人ラポール
大阪市平野区喜連西4-7-16 石光ビル3F
https://www.nishimura-roumu.com/

●書式のダウンロードについて

本書でご紹介した各種書式は、下記の著者ホームページより無料でダウンロードができます。

紹介したもの以外にも多数掲載されていますので、ご活用ください。

但し、ご使用による責任は負いかねますので、皆様の自己責任にてお願いいたします。

https://www.nishimura-roumu.com/jyosei-roumu-sho/download.html

小さな会社にピッタリの使える労務管理術

2020年4月15日　初版第1刷

著　者――――西村　聡
発行者――――坂本桂一
発行所――――現代書林
〒162-0053　東京都新宿区原町3-61　桂ビル
TEL／代表　03(3205)8384
振替00140-7-42905
http://www.gendaishorin.co.jp/

ブックデザイン+DTP――――ベルソグラフィック
イラスト――――bizvector/shutterstock

印刷・製本　広研印刷㈱
乱丁・落丁本はお取り替え致します。
定価はカバーに表示してあります。

ISBN978-4-7745-1848-0 C0034